中国互联网金融协会
National Internet Finance Association of China

CHINA
INTERNET FINANCE INDUSTRY REPORT
2017

中国互联网金融年报

中国互联网金融协会◎编著

中国金融出版社

责任编辑：张智慧　王雪珂
责任校对：潘　洁
责任印制：陈晓川

图书在版编目（CIP）数据

中国互联网金融年报（2017）（Zhongguo Hulianwang Jinrong Nianbao. 2017）/中国互联网金融协会编著. —北京：中国金融出版社，2017.10
ISBN 978－7－5049－9259－8

Ⅰ. ①中…　Ⅱ. ①中…　Ⅲ. ①互联网—应用—金融—中国—2017—年报
Ⅳ. ①F832.2-54

中国版本图书馆CIP数据核字（2017）第259003号

出版
发行　中国金融出版社

社址　北京市丰台区益泽路2号
市场开发部　（010）63266347，63805472，63439533（传真）
网 上 书 店　http://www.chinafph.com
（010）63286832，63365686（传真）
读者服务部　（010）66070833，62568380
邮编　100071
经销　新华书店
印刷　北京侨友印刷有限公司
尺寸　210毫米×285毫米
印张　11.75
字数　190千
版次　2017年10月第1版
印次　2017年10月第1次印刷
定价　168.00元
ISBN 978-7-5049-9259-8

《中国互联网金融年报（2017）》编委会

序　言

近年来，在大数据、云计算、移动互联网等信息技术快速发展的推动下，以互联网支付、网络借贷（P2P）、股权众筹等为代表的互联网金融发展迅速，业务形态日趋多元，在提高金融服务效率，降低交易成本，满足多元化投融资需求，提升金融服务的普惠性和覆盖面等方面，发挥了积极作用。

互联网金融本质上仍是金融，没有改变金融风险的隐蔽性、传染性、突发性和较强的负外部性特征，而且由于互联网属性，其风险的波及面更广、扩散速度更快、溢出效应更强。当前，互联网金融在快速发展中积累了一些问题和风险：某些业态偏离了正确的创新方向，部分机构风险意识、合规意识、消费者权益保护意识不强，反洗钱、反恐怖融资制度缺失，有些甚至打着“金融创新”的幌子进行非法集资、金融诈骗等违法犯罪活动。特别是近期爆发的一系列风险事件，对行业声誉造成了较大负面影响，引起社会各界高度关注，规范互联网金融发展成为广泛共识。

党中央、国务院高度重视互联网金融发展和风险防范工作。2015年7月，经党中央、国务院同意，中国人民银行会同十部委发布了《关于促进互联网金融健康发展的指导意见》，明确了互联网金融监管的总体要求、原则和职责分工。2015年12月，中央经济工作会议明确要求抓紧开展互联网金融领域专项整治，规范发展互联网金融。2016年10月，国务院办公厅发布《互联网金融风险专项整治工作实施方案》，对互联网金融风险专项整治工作进行了全面部署安排，人民银行和相关部门也对各自监管领域分别提出实施方案。这一系列工作背后体现了党中央、国务院的高瞻远瞩，当前互联网金融各业态中所存在的乱象与畸形发展必须先破而后立，激浊而扬清。

行业自律是对行政监管的有益补充和有力支撑，也是创新监管的重要内容。在互联网金融规范发展方面，搭建行政监管与行业自律有机结合的管理体制是当前业界的共识。正是在此背景下，国务院批准成立了中国互联网金融协会。作为全国性的行业自律组织，中国互联网金融协会承担着制定互联网金融经营管理规则和行业标准，促进从业机构业务交流和信息共享，建立行业自律惩戒机制等重要职责，各界均给予了重要期望。

目前，尚处在新兴阶段的互联网金融业态多样，创新纷呈，业界和学界出版了若干报告，基于不同视角就互联网金融进行了有益探讨，但在全面性、系统性、客观性等方面有所不足。相较而言，这本中国互联网金融协会组织编著的互联网金融年报，基于主要互联网金融业态的划分，以2015年各业态总量与抽样发展数据为依托，佐以正反两方面实际案例，从概念沿革、发展模式、发展现状、困难挑战、趋势展望等方面对我国互联网金融发展的客观实际进行了较全面地研究探讨。该书可为政策制定者、从业人士、研究人员提供较为全面详实的参考资料，也可帮助消费者系统地了解掌握互联网金融知识、提高风险意识。

最后，希望我国互联网金融逐渐正本溯源，不断树立行业正面声誉，持续为服务实体经济，促进金融普惠添砖加瓦。

潘功胜

中国人民银行副行长

2016年11月

（此序为中国人民银行副行长潘功胜为中国互联网金融协会2016年发布的首部年报所作）

目　录

第一章　互联网金融发展总体现状

第二章　互联网支付

第三章　个体网络借贷

第四章　互联网保险

第五章　互联网基金销售

第六章　互联网消费金融

第七章　互联网直销银行

第八章　互联网证券

第九章　互联网股权融资

专题

第一章
互联网金融发展总体现状

- 互联网金融发展环境
- 2016年互联网金融总体发展情况
- 互联网金融发展的主要风险与挑战
- 互联网金融的发展趋势与展望

第一节　互联网金融发展环境

一、复杂多变的经济金融形势使互联网金融发展挑战和机遇并存

2016年，全球经济复苏疲弱，国际形势错综复杂，民粹主义、逆全球化、贸易和投资保护主义抬头，国际金融市场的复杂性和不确定性进一步加剧。中国经济处于新旧动能转换和去杠杆的关键时期，增长动力与下行压力交织，经济运行分化特征明显。供给侧结构性改革取得阶段性进展，在积极的财政政策和稳健的货币政策推动下，国民经济持续稳健增长，居民财富持续快速积累。一方面，金融行业围绕去杠杆、防风险的政策措施陆续出台实施，对互联网金融合规经营、防控风险提出了更高要求。另一方面，在消费升级、新兴技术广泛应用等积极因素影响下，互联网金融立足于服务实体经济和发展普惠金融，继续迎来广阔的市场潜力和发展空间。

2016年，我国国内生产总值（GDP）74.4万亿元，同比增长6.7%。分季度看，各季度增速分别为6.7%、6.7%、6.7%和6.8%，走势保持平稳（见图1-1）。分产业看，第一产业增加值6.4万亿元，同比增长3.3%；第二产业增加值29.6万亿元，同比增长6.1%；第三产业增加值38.4万亿元，同比增长7.8%（见图1-2）。

2016年，全国居民人均消费支出17 111元，消费结构升级步伐加快，发展享受型消费占比明显上升。交通通信、教育文化娱乐、医疗保健支出占消费支出比重分别比2012年提高2.0%、0.7%和1.3%。居民用于文化娱乐的人均消费支出比2013年增长38.7%，年均增长11.5%。居民生活质量不断提升。

2016年，人民银行主动适应经济发展新常态，坚持稳中求进的工作总基调，继续实施稳健的货币政策，调控工具更趋灵活，宏观审慎管理架构不断完善。2016年末，广义货币M2余额为155万亿元，同比增长11.3%（见图1-3）；社会融资规模存量为156万亿元，同比增长12.8%。旨在促进金融机构稳健审慎经营、加强系统性风险防范的宏观审慎评估体系（MPA）在2016年开始运行。2016年10月，人民币正式成为特别提款权（SDR）篮子货币，在国际货币体系、国际金融治理体系中获得了更多的话语权。

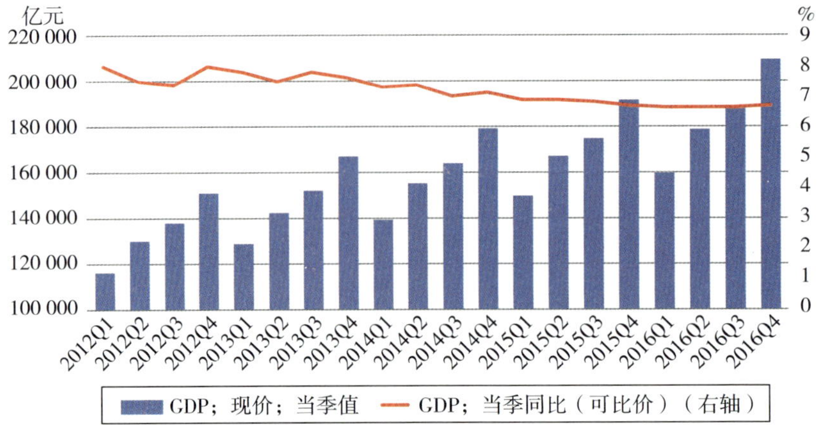

数据来源：国家统计局，中国互联网金融协会整理。

图1-1　2012—2016年中国经济增长情况

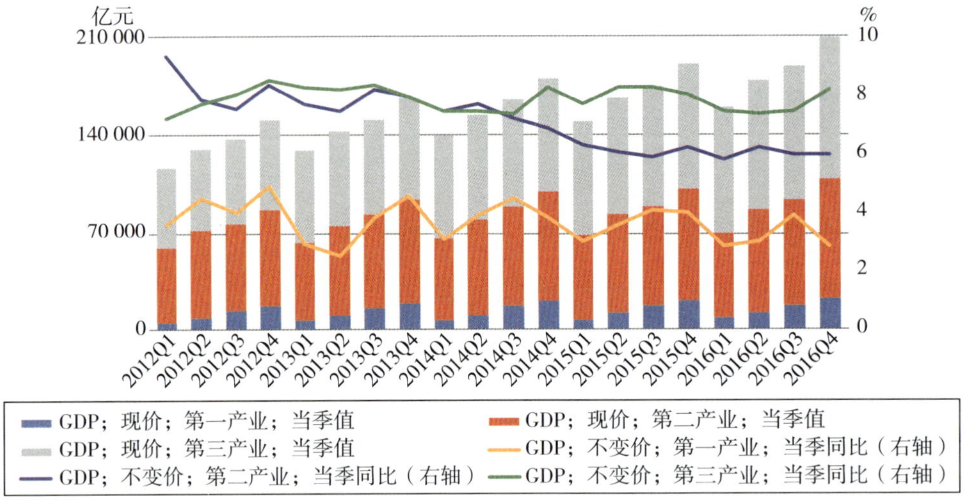

数据来源：国家统计局，中国互联网金融协会整理。

图1-2　2012—2016年中国经济增长按产业分类

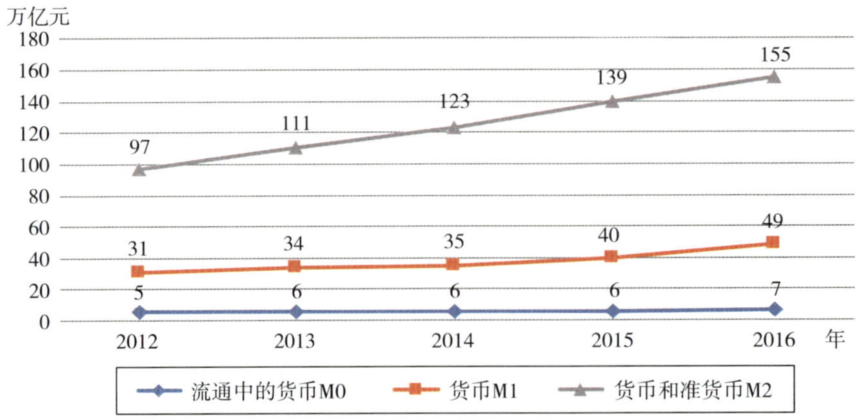

数据来源：国家统计局，中国互联网金融协会整理。

图1-3　2012—2016年M0、M1和M2余额变化

二、新兴技术应用为互联网金融发展提供了有力支撑

2016年，我国网民规模达7.31亿人，互联网普及率为53.2%，手机网民规模达6.95亿人，增长率连续三年超过10%。网民中使用手机上网人群的占比不断攀升，由2015年的90.1%提升至95.1%。

随着“互联网+”的不断深化，金融业务线上化趋势明显，居民通过互联网和移动端交易的习惯逐步形成。以电子支付①为例，2016年，银行业金融机构处理的电子支付业务中，移动支付业务保持快速增长，移动支付笔数和金额同比分别增长85.8%和45.6%，网上支付业务笔数和金额同比分别增长27%和3.3%。

新兴技术在互联网金融领域的探索应用也在不断深入。例如，大数据技术在客户画像、精准营销、风险控制等领域应用日益广泛；云计算以其在系统架构、资源整合等方面的优势，能够更好地满足长尾客户多样化的金融服务需求；人工智能技术在客户服务、投资决策等领域应用效果开始显现；生物识别技术在身份验证、支付等场景应用逐渐增多。金融与科技深度融合，孕育出新的业态和商业模式，为实体经济提供更普惠、更高效的金融服务，对我国建立多层次金融体系、实施创新驱动发展战略具有重要意义。

三、推进普惠金融发展，整治互联网金融行业风险

2016年1月，国务院发布《推进普惠金融发展规划（2016—2020年）》，明确提出创新金融产品和服务手段。积极引导各类普惠金融服务主体借助互联网等现代信息技术手段，降低金融交易成本，延伸服务半径，拓展普惠金融服务的广度和深度。发挥互联网促进普惠金融发展的有益作用，大力推进移动金融专项工程，促进实现规划目标。引导和规范互联网金融有序发展，有效防范和处置互联网金融风险。

---

① 电子支付是指客户通过网上银行、电话银行、手机银行、ATM、POS 和其他电子渠道，从结算类账户发起的账务变动类业务。包括网上支付、电话支付、移动支付、ATM 业务、POS 业务和其他电子支付等六种业务类型。

2016年3月，人民银行与银监会联合发布了《关于加大对新消费领域金融支持的指导意见》，提出积极培育和发展消费金融组织体系，鼓励探索运用互联网等技术手段，推进消费信贷管理模式和产品创新。

然而，我国互联网金融在快速发展过程中也暴露出一些问题和风险隐患。针对这些问题和风险隐患，为引导我国互联网金融行业规范健康发展，建立行政监管与行业自律相结合的管理机制，2016年3月25日，经党中央、国务院同意，民政部批准，中国互联网金融协会在上海挂牌成立。按照人民银行等十部委《关于促进互联网金融健康发展的指导意见》要求，协会成立以来，紧紧围绕“服务监管、服务行业、服务社会”的职责定位，在积极配合和参与国务院关于互联网金融风险专项整治工作部署的同时，开展了一系列行业自律管理工作，并取得初步成效，主要包括：建立完善自律管理基础制度，加快行业基础设施建设，开展关键业态和重点领域的标准化建设，推进会员服务和风险教育体系建设，跟踪研究行业发展的前沿动态，开展国际交流合作等。

2016年8月17日，银监会、工信部、公安部、国家网信办联合发布《网络借贷信息中介机构业务活动管理暂行办法》，明确网贷业务规则、风险管理、出借人与借款人保护、信息披露等监管要求。11月28日，作为配套性文件的《网络借贷信息中介机构备案登记管理指引》发布。

2016年10月13日，国务院办公厅印发《互联网金融风险专项整治工作实施方案》，明确以“打击非法，保护合法；积极稳妥，有序化解；明确分工，强化协作；远近结合，边整边改”为原则，提出重点整治P2P网络借贷、股权众筹、通过互联网开展资产管理及跨界从事金融业务、第三方支付业务和互联网金融广告等领域。

随后，中国人民银行、银监会、证监会、保监会、工商总局、中国互联网金融协会分别牵头印发了各细分领域的专项整治工作和建立全国互联网金融举报信息平台工作机制的实施方案（见表1-1），进一步明确了整治原则、整治对象和主要问题，提出了具体的整治措施、职责分工和进度安排。

表1-1　各细分领域的专项整治工作实施方案

印发部门	文件名称
国务院办公厅	《互联网金融风险专项整治工作实施方案》
人民银行等十四部门	《非银行支付机构风险专项整治工作实施方案》
银监会等十五部门	《P2P网络借贷风险专项整治工作实施方案》
人民银行等十七部门	《通过互联网开展资产管理及跨界从事金融业务风险专项整治工作实施方案》
证监会等十五部门	《股权众筹风险专项整治工作实施方案》
保监会等十五部门	《互联网保险风险专项整治工作实施方案》
工商总局等十七部门	《开展互联网金融广告及以投资理财名义从事金融活动风险专项整治工作实施方案》
中国互联网金融协会	《关于开通互联网金融举报信息平台的公告》

资料整理：中国互联网金融协会。

第二节　2016年互联网金融总体发展情况

2016年，随着互联网金融风险专项整治工作深入开展，相关业态监管细则陆续出台，以及行政监管与行业自律有机结合的行业管理体制逐步构建，互联网金融风险整体水平在下降，互联网金融风险案件高发频发势头得到初步遏制，互联网金融从业机构优胜劣汰加速，行业发展环境进一步净化，不同业态发展呈现分化态势。

一、互联网支付

2016年，全国互联网支付交易总金额达2 139万亿元，同比增长4%，增速明显放缓，互联网支付交易笔数1 125亿笔，同比增长61%。商业银行互联网支付的交易额占全部互联网支付交易总额的97.5%，仍占主要地位。非银行互联网支付快速增长，全年交易笔数同比增长98.6%，交易总金额同比增长124.3%，仍呈笔均交易额较小特点。互联网支付的行业集中度有所上升，交易额在1万亿元以上的非银行支付机构共有8家，这8家机构交易总额占全部非银行支付机构互联网交易总额的83.9%。跨境支付试点促进跨境互联网支付快速增长，北美和欧洲地区交易额首超亚洲地区。移动支付业务规模持续高速增长。2016年移动支付业务规模达到209万亿元，同比增长60.2%。移动支付交易笔数1 228亿笔，已超过互联网支付笔数，同比增长128.6%。

二、个体网络借贷

截至2016年末，全国正常运营平台数量2 649家，较2015年同比减少28.1%。年末贷款余额8 034亿元，同比增长84.1%。全年贷款累计发生额19 975亿元，同比增长103.3%。历史累计参与人数（含出借人和借款人）达5 109万人，同比增加3 596万人。投资者平均收益率为9.3%，同比下降1.8%。2016年末，广东、北京、上海、浙江、山东、江苏六地运营平台数占全国平台总数70%，贷款余额占全行业贷款余额93.7%，同比分别提高2.1%和0.4%。2016年P2P等网贷行业的平均借款期限为8.4个月，比上年末增长1.7个月。

三、互联网保险

2016年，全国互联网保险保费收入总额为2 348亿元，较2015年增长5.2%，增速放缓。全年互联网保险收入占保险业保费收入的7.6%，占比较2015年下降1.6个百分点。互联网财产险保费收入首次出现负增长，同比下降47.5%；互联网人身险保费收入增速32.8%，较2015年大幅回落，但仍保持较快增长。互联网人身险保费收入占互联网保费收入的82.8%，占比大幅上升；互联网财产险保费收入占比持续下降。

四、互联网基金销售

以5家样本基金公司为例，2016年，5家样本基金公司新增网上开户同比增长21.6%，其中，直接通过基金公司网上新增开户数占新增网上开户数的64.7%，占比分别比2015年和2014年下降1.8个和33.4个百分点，表明通过第三方基金销售平台、银行券商销售等方式网上开户的客户逐年增加。2016年，5家样本基金公司互联网基金销售金额同比增长39.3%，占全部基金销售的82.7%。其中，货币基金仍占互联网基金销售的绝对多数。5家基金公司通过互联网直销的总金额占其全部基金销售总金额的81.9%，占比有所上涨，传统基金销售机构中，商业银行及证券公司的销售金额占全部传统基金销售机构销售总额的32.3%和24.9%，仍占据主要地位。

五、互联网消费金融

以6家样本机构为例，2016年，新增注册用户数稳步增长，消费信贷金额及笔数增长迅速。新发放贷款主要投向为网上零售、租房、购车、教育、旅游等用途，参与客群主要为“80后”、“90后”且东部地区用户占比较高，逾九成客户授信低于1万元。2016年，九成以上新发放贷款期限集中在半年以内，八成以上新发放贷款金额低于1 000元，还款方式多为一次性还本付息。2016年6家代表机构的平均不良贷款率为1.9%，平均贷款逾期率为2.5%。

六、互联网直销银行

截至2016年末，国内69家传统商业银行设立了互联网直销银行（不含微众银行和网商银行），逾八成互联网直销银行发起行为城商行和农商行。以12家样本直销银行为例，2016年，12家样本银行的定期/类定期存款月末余额呈现稳定增长，从1月末的88.2亿元增加到12月末的232.5亿元；活期/类活期存款①受季节性因素影响较大，与传统银行存款变化趋势不同，互联网直销银行活期/类活期存款呈现季初增加、季末减少的趋势。12家样本银行中有2家发行股票类理财产品。

七、互联网证券

以11家样本证券公司为例。2016年11家样本公司网上开户数和移动端开户数增幅回落。2016年网上开户数较2015年增长33.4%，移动端开户数较2015年增长24.3%。2016年移动端交易额占网上交易额的30.9%，较2015年有所上升。2016年，11家样本公司在线股权质押贷款余额374亿元，同比增长45.9%。网上销售互联网理财产品金额3 846亿元，同比增长14%。

八、互联网股权融资

2016年，互联网非公开股权融资市场发展整体不景气。截至2016年末，全国互联网非公开股权融资（以下简称股权融资）平台共145家，正常运营的股权融资平台占比81.4%。全年新增项目成功融资52.98亿元，同比增长2.1%。新增项目3 268个，同比下降56.6%，新增项目投资人次为5.8万人次，同比下降43.6%，单个项目平均融资额为162万元，同比增长135.1%。融资规模前15位平台的融资额合计占全国股权融资总额约六成，市场集中度较高。根据32家样本平台的项目融资额分析，融资成功的项目较为集中分布在文化娱乐、互联网金融、先进制造、大健康等行业。

---

① 本文将用户在互联网直销银行购买货币基金类可实时支取产品视作类活期存款，将购买其他约定持有时间的理财产品视作类定期存款。

第三节　互联网金融发展的主要风险与挑战

2016年，在经济金融环境复杂多变、互联网金融风险专项整治进入清理整顿阶段的背景下，我国互联网金融发展主要面临三大主要风险和四大体制机制性挑战。

一、主要风险

（一）经济下行期的经营风险

由于我国处于当前实体经济下行和金融风险上行时期，中小企业经营相对困难，债务违约可能性增大，导致互联网金融平台对接的主要资产质量下降，逾期率和不良率上升。同时，普通投资者情绪和市场预期波动增大，资金流不稳定性进一步显现，导致平台经营压力普遍持续增加。

（二）合规转型期的转型风险

根据国家开展互联网金融风险专项整治的工作要求，在向合规化转型过程中，一部分实力较强的从业机构能按要求实现转型，一部分规模较小、实力相对弱的从业机构采取主动停业结束经营，实现良性有序退出。此外，还有一部分从业机构希望继续经营，但因前期存在期限错配、资金池、大额标的等不规范经营行为，导致积累的风险敞口大，实现转型面临的困难大，其中有些已面临客源萎缩、资金链断裂、偿付困难的问题，这些问题如不妥善解决，有可能引发金融风险和社会问题。

（三）风险处置期的次生风险

由于互联网金融具有较强的涉众性、其风险传递具有交叉性和传染性，在对相关风险处置过程中，很可能产生跨机构、跨区域、跨市场的连锁反应，此类风险不容忽视。

二、体制机制性挑战

（一）行业基础设施不适应监管要求

一是大部分从业机构尚没有接入国家金融信用信息基础数据库，行业缺乏信用信息共享机制，现行法规下惩戒手段不足，造成一些违规经营者的欺诈和违约成本较低。二是从业机构的经营状况游离于国家金融统计体系之外，而现有第三方数据的定义口径、覆盖范围、精准程度存在缺失，特别是资金流向方面基本空白，对金融监管和调控提出很大挑战。三是不同从业机构在业务操作、系统运维、产品定价、合同要素、合格投资者认定等方面标准化、规范化程度较低。

（二）监管体制有待完善

一是分业分段式监管难以适应互联网金融行业跨界混业经营、贯穿多层次市场体系的业务特征，容易产生监管套利。二是从业机构注册地与业务经营地往往不一致，资金端和资产端来源地也不一致，存在跨区域监管挑战。三是互联网金融业态众多、模式各异、创新速度快，金融风险复杂性、多样性特征明显，给现有监管资源和技术带来挑战。四是中央和地方在互联网金融监管方面的责任分工有待进一步细化和明确。

（三）法律制度体系有待健全

一是现有金融管理类法律法规以及相关民商事、刑事法律体系是以传统金融机构和金融业务为适用对象制定的，其适用到互联网金融领域，难免存在适用上的不匹配，使得一些创新业务模式存在一定的法律障碍。二是现有法律未对以互联网理财、互联网资产管理等为名的各类互联网金融公司属性做出明确规定。三是既有互联网金融业态监管规则的法律位阶较低，效力层级不够，导致执行中存在行政处罚力度不够、风险处置手段欠缺等问题。四是互联网金融反洗钱、反恐怖融资、个人信息保护等方面亟待立法。

（四）消费者权益保护有待加强

一是互联网金融基于虚拟网络平台进行交易，大量消费者个人信息留存在平台，个人信息保护难度加大。二是现有法律法规尚未建立完善的互联网金融消费者保护体系，特别是在互联网环境下，涉及的法律关系比传统金融服务更为复杂，法律关系主体广泛，对于互联网金融消费者应有的基本权利以及各方责任认定缺乏具有统一性和适用性的法律法规。三是现有互联网金融领域的消费者教育和权益保护工作，主要仍以风险警示为主，多层次、有针对性的消费者教育以及投诉处理、纠纷调处、损害赔偿等方面机制建设还不成熟。

第四节　互联网金融的发展趋势与展望

经过2016年国家互联网金融风险专项整治，我国互联网金融逐步从快速发展的阶段转向规范发展的阶段，并呈现出以下发展趋势和特征。

一、服务实体经济的本质要求更加明确

经济是金融的基础，金融是顺应经济发展需要而产生的。金融必须坚持为实体经济服务的本质要求。互联网金融的本质还是金融，其发展始终不能脱离金融与经济的基本关系。为此，互联网金融从业机构应把为实体经济服务作为其出发点和落脚点，紧紧围绕我国经济转型升级与结构调整所产生的有效金融需求，提高互联网金融供给对实体经济需求变化的适应性、灵活性。

二、促进普惠金融发展的现实意义更加凸显

互联网金融在降低金融交易成本、提高金融资源配置效率、扩大金融服务辐射半径等方面具有独特优势，为解决传统模式和技术条件下普惠金融面临的服务不均衡、成本高、效率低、商业可持续性不足等全球共性难题提供了一条可行路径。2016年9月召开的二十国集团（G20）杭州峰会通过了《数字普惠金融高级原则》，鼓励各国依托先进数字技术促进普惠金融发展。互联网金融可立足于数字普惠金融发展带来的良好机遇，拓展更加广阔的发展空间。

三、合规审慎经营的前提要求更加严格

互联网金融发展必须有边界、创新必须有规则、业务必须有规矩。从业机构要认识到“合规也是效益”、“合规也是生产力”，按照监管规则、整治要求和行业标准，建立完善信息披露、资金存管、客户身份识别、投资者适当性管理、反洗钱、反恐怖融资等制度，切实提升网络和信息安全保障水平，确保在合规审慎经营前提要求下，提升经

营效率和效益。

四、风险治理能力的优化提升更加关键

互联网金融能否实现规范可持续发展，关键取决于风控做得好不好。要充分认识到信息化背景下金融业务风险与技术风险可能产生的叠加效应和扩散效应，遵循金融基本规律，形成正确的创新导向，建立有效的内控制度和风险管理系统等软硬件条件，并与法律约束、行政监管、行业自律、社会监督有机结合起来，形成五位一体的多层次、全方位风险治理体系，使互联网金融创新可能带来的风险处于可管、可控、可承受范围内。

五、科技融合发展的动力作用更加突出

随着网民数量增长红利的逐渐消失，单纯拼流量、拼规模的粗放式发展模式已经难以为继，云计算、大数据、人工智能等新兴技术在金融领域的融合应用对精细化运营的支撑作用将愈加突出，在精准营销、风险控制、智能决策等各环节将发挥越来越重要的作用，不断驱动互联网金融服务实现全流程的效能提升，促进企业在竞争中取得主动，更多地获得技术创新红利。

六、良性开放竞合的发展态势更加明显

随着行业不断发展，互联网金融的生态环境和产业链呈现出主体更加多样化、服务更加精细化、技术更加专业化等特征。传统金融机构、互联网金融企业、初创型科技公司依据自身资源禀赋，在提供差异化服务的同时，越来越多尝试跨行业、跨机构合作，共同探索创新互联网金融产品和服务，实现相互促进、共生共赢，使互联网金融生态呈现更加包容、开放、合作的新格局。

七、互联网金融的国际影响力和竞争力进一步提升

从全球范围看，我国互联网金融的发展速度、市场规模和创新应用能力均位于世界前列，特别是在以移动支付为代表的数字普惠金融领域取得的进展，得到了国际社会的充分认可。但与此同时，我国互联网金融服务和治理体系、风险防控能力等仍有待完

善。进一步提升原创业务模式开发、核心技术特别是底层技术研发、国际标准制定等方面的能力，将有助于增强互联网金融行业的国际竞争力，进一步提升我国在全球金融业的影响力和话语权。

第二章
互联网支付

- 2016年互联网支付发展情况
- 互联网支付的发展环境
- 互联网支付的主要问题与挑战
- 互联网支付的发展趋势与展望

2016年，我国互联网支付行业整体运行保持平稳高效，交易规模稳步提升，服务实体经济能力不断提高。互联网支付机构以客户需求为导向，不断深入拓展业务领域，服务水平和市场竞争力逐步提升。《非银行支付机构网络支付业务管理办法》正式实施，互联网金融风险专项整治工作有序推进，互联网支付市场进入规范、有序发展的新阶段。

随着监管的不断加强和法律规范的完善，我国互联网支付行业将继续保持稳定增长势头，支付机构服务创新和防风险能力不断提升，将继续有力推动电子商务的发展和社会消费的增长。

第一节　2016年互联网支付发展情况

一、互联网支付交易金额增速放缓，交易笔数快速增长，商业银行的互联网支付交易额占比仍处主要地位

2016年，我国互联网支付交易总金额达2 139万亿元，同比增长4%，较上年下降43个百分点，增速明显放缓；互联网支付交易笔数1 125亿笔，同比增长61%，较上年上升22个百分点。

2016年，我国商业银行互联网支付交易总金额为2 085万亿元，同比增长3.3%，较上年下降44个百分点；商业银行互联网支付交易笔数为462亿笔，同比增长27%，增速与上年持平。商业银行互联网支付交易额占全部互联网支付交易总金额的97.5%，较上年下降1.3个百分点，仍占据互联网支付主要地位（见图2-1）。

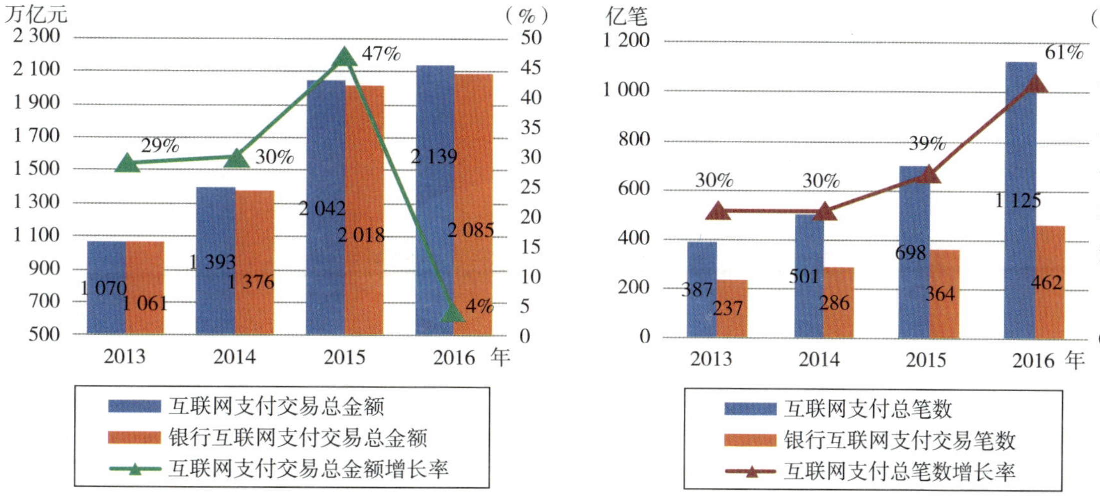

数据来源：中国支付清算行业运行报告。

图2–1　2013—2016年互联网支付交易金额与笔数

二、非银行互联网支付增长迅猛，仍呈笔数多，笔均交易额较小的特点

2016年，我国非银行支付机构互联网支付交易呈爆发式增长，全年交易笔数663亿笔，同比增长98.6%，较上年增加44个百分点；非银行支付机构互联网支付交易总交易金额54.3万亿元，同比增长124.3%，较上年增加82个百分点。

2016年，非银行互联网支付交易笔数比银行多201亿笔，但交易总额仅为商业银行的2.6%；单笔交易额为817元，仅占商业银行单笔交易额（4.5万元）的1.8%。

和银行互联网支付相比，非银行支付机构支付业务仍呈笔数多、笔均交易额小的特点（见图2-2）。

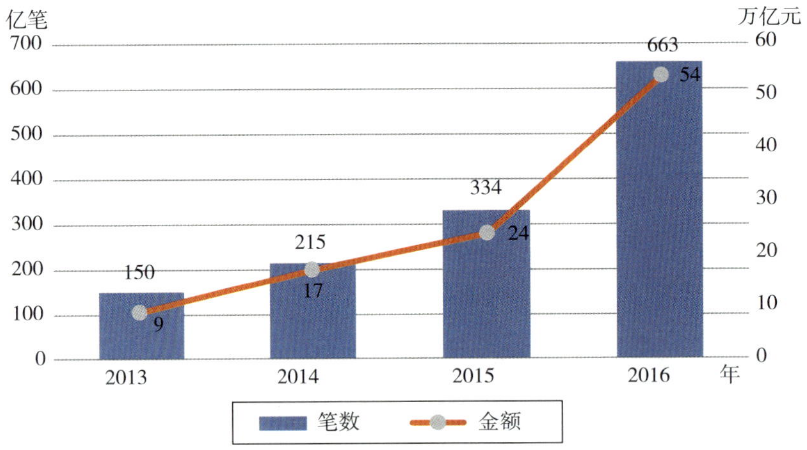

数据来源：中国支付清算行业运行报告。

图2-2　非银行支付机构互联网支付交易规模

三、互联网支付市场集中度有所上升

2016年，我国互联网支付市场集中度略有上升。以非银行支付机构为例，互联网支付交易额在1万亿元以上的企业共8家，这8家机构互联网支付交易总额占整个非银行支付机构互联网交易总额的83.9%；交易额在1 000亿～1万亿元的企业共25家，占比14%。2015年两类交易金额占比分别是75.1%和20.8%。

四、跨境支付试点促进跨境互联网支付额快速增长

2016年，我国非银行支付机构跨境互联网支付交易金额为1 866亿元，同比增长28.3%；交易笔数为5.85亿笔，同比增长42.7%，其中，单位客户办理跨境互联网支付业务4亿笔，金额1 042.04亿元；个人客户办理跨境互联网支付业务1.85亿笔，金额823.46亿元。

从全球范围看，跨境互联网支付以亚洲和北美洲为主，2016年亚洲地区跨境互联网支付交易额占全球所有跨境互联网支付交易额的45.4%，北美和欧洲共计占比51%，已超过亚洲地区（见图2-3）。

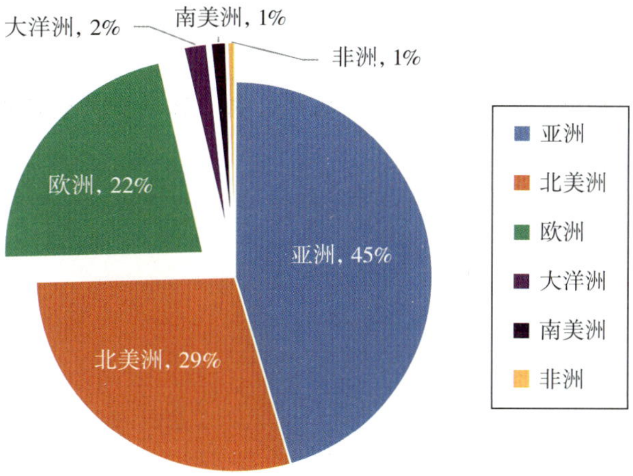

数据来源：中国支付清算行业运行报告。

图2-3　2016年跨境互联网支付交易对象所在地交易金额占比

五、移动支付业务规模持续高速增长，交易笔数超过互联网支付

2016年，我国移动支付业务规模达到208.6万亿元，同比增长60.2%。移动支付交易笔数1 227.6亿笔，同比增长128.6%。其中，银行共处理移动支付业务157.6万亿元，交易笔数257.1亿笔，比上年分别增长45.6%和85.8%；非银行支付机构共处理51万亿元，交易笔数970.5亿笔，同比分别增长132.3%和143.5%。从交易笔数上看，2016年移动支付已经超过互联网支付（见图2-4）。

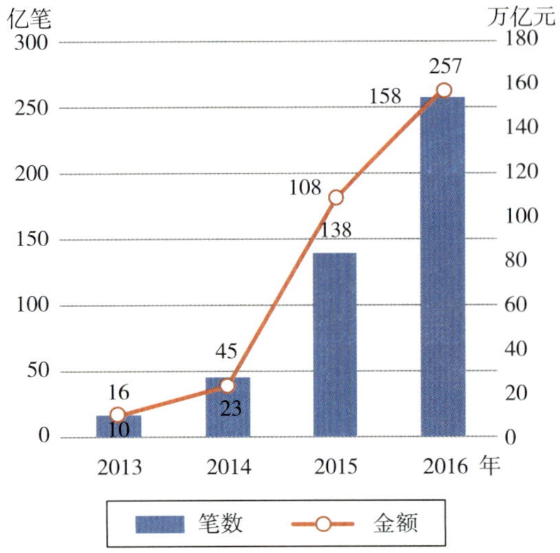

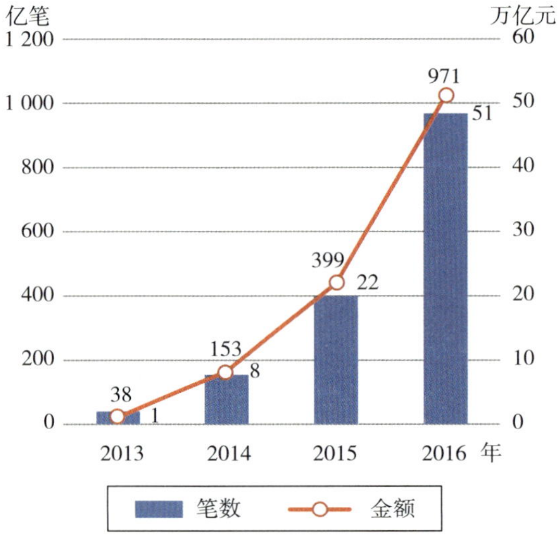

数据来源：中国支付清算行业运行报告。

图2-4　银行（左）与非银机构（右）移动支付交易规模

第二节　互联网支付的发展环境

2016年，监管部门不断加强对互联网支付市场的监管，出台了一系列支付结算政策法规，同时完善行业基础设施建设，开展相关领域的风险专项整治工作，有效促进了互联网支付行业的依法合规发展。

2016年4月，人民银行会同相关部委联合发布了《非银行支付机构风险专项整治工作实施方案》（银发〔2016〕112号）。一方面开展支付机构客户备付金风险和跨机构清算业务整治，加大对客户备付金问题的专项整治和整改监督力度，明确建立支付机构客户备付金集中存管制度，逐步取消对支付机构客户备付金的利息支出，加强对社会资金流向的实时监测，严格支付机构市场准入和监管，加大违规处罚。另一方面，开展无证经营支付业务整治，排查梳理无证机构名单及相关信息，根据其业务规模、社会危害程度、违法违规性质和情节轻重分类施策。

2016年4月，人民银行发布《支付结算违法违规行为举报奖励办法》（中国人民银行公告〔2016〕7号）。明确支付结算违规行为的举报范围、奖励的条件与标准、举报奖励程序、纪律监督等。支付结算违法违规举报奖励机制的建立，有利于发挥社会力量监督，维护行业秩序，净化市场环境。

2016年4月，人民银行发布《非银行支付机构分类评级管理办法》（银发〔2016〕106号）。支付机构评级是指以支付机构的合规经营情况、风险管理水平、可持续发展能力为基础，根据“全面与重点相结合、定量与定性相结合、非现场监管与现场调查相结合、监管评级和自律评级相结合”的原则，评价和确定支付机构的类别、级次。开展非银行支付机构分类评级，有利于提升监管的针对性、有效性和前瞻性。

2016年7月，《非银行支付机构网络支付业务管理办法》（中国人民银行公告〔2015〕43号，以下简称《办法》）正式实施，我国非银行支付机构网络支付业务规范得到建立。《办法》的实施对规范行业发展，防范业务风险，保证消费者权益具有重要意义，对我国整个互联网金融行业的发展也将产生重大而深远的影响。

此外，非银行支付机构网络支付清算平台（以下简称“网联”）于2016年开始筹建。“网联”平台将为非银行支付机构搭建一个共有的转接清算平台，有利于降低机构业务处理成本，实现业务资金清算透明化，不断完善我国互联网支付结算基础设施。

总的来说，2016年支付市场监管日趋严格，互联网支付市场呈现规范有序发展的态势。在“严监管”之下，我国互联网支付市场创新仍然十分活跃，业务量高速增长，基于支付平台的场景化应用新业态逐渐形成，服务实体经济能力不断提高。同时，在支付牌照数量受到严控的情况下，行业竞争更加激烈，支付机构投资并购事件增多。据统计，2016年共发生16家非银行支付机构被并购，其中互联网支付业务牌照有9家。行业投资并购的兴起，将有利于提升支付机构竞争能力，优化支付行业结构。

第三节　互联网支付的主要问题与挑战

一、支付账户外部验证渠道有限，验证成本较高

根据《非银行支付机构网络支付业务管理办法》规定，对应于Ⅰ、Ⅱ、Ⅲ类支付账户，非银行支付机构分别需要通过1个、3个、5个外部渠道进行实名验证，其中Ⅱ类和Ⅲ类账户的客户实名验证强度相对较高。外部实名验证渠道包括公安、社保、民政、住建、交通、工商、教育、财税等政府部门，以及商业银行、保险公司、证券公司、征信机构、移动运营商、铁路公司、航空公司、电力公司、自来水公司、燃气公司等，支付机构可以根据本机构客户的群体特征和实际情况，选择与其中部分单位开展合作，实现多个渠道交叉验证客户身份信息。

根据中国互联网金融协会对31家互联网支付会员单位的统计，一方面目前市场上有效的外部实名验证渠道较少，除公安部、人行征信系统、商业银行、移动运营商等少数外部验证渠道外，官方政务类验证渠道较少，缺少其他可系统化认证的优质外部验证渠道；另一方面，可验证要素单一导致支付机构通过独立谈判接入外部渠道的费用较高，从而使用户的验证成本提高。

二、客户信息安全管理机制需加强

近两年，各类风险案件数量呈上升态势，对互联网支付行业乃至金融安全造成不良影响。互联网支付业务已经遍及各行各业，支付机构直接或间接掌握了庞大的客户身份信息、银行账户信息、消费习惯以及相关社交网络的信息数据，一旦被不法分子利用，后果严重。相关调研显示个人隐私泄露及安全隐患仍是用户在使用生物识别技术进行移动支付时最担心的问题。因此，支付机构应进一步加强业务系统等运营设施的安全防护，依法处理支付服务涉及的用户个人信息，严防信息泄露、出售或被非法提供。

三、支付产品同质化，行业竞争加剧

非银行支付市场上面临产品同质化、行业竞争加剧、服务成本高等问题。非银行支付机构主要通过差异化方式寻求更好发展，一是加大产品研发力度，力争产品的特色化，比如提高清算结算资金到账效率等；二是通过为商户提供增值业务解决方案来提升竞争优势，比如通过互动营销服务为商户导流，提供流程化服务吸引客源等；三是延伸支付场景，将支付产品延伸至餐饮、购物、交通、教育等日常生活的方方面面。

四、从业机构合规和风控意识及能力存在差异，反洗钱工作机制有待落实

近年来我国互联网支付机构业务发展较快，但其中各机构的基础情况参差不齐，特别是在合规和风控意识及实际能力方面存在差异，反洗钱工作机制有待落实。针对这种情况，2016年11月7日第十二届全国人大常委会第二十四次会议通过的《中国人民共和国网络安全法》及2016年12月28日中国人民银行发布的《金融机构大额交易和可疑交易报告管理办法》（中国人民银行令〔2016〕第3号）对支付机构的用户信息使用及安全保护进一步明确了要求，要求支付机构推进相关系统的升级优化以及相关制度的更新，降低行业整体风险。并要求各从业机构对于发现有异常情况的客户，应由发现机构及时通知资金来源及去向机构，联动分析，提高可疑交易报告的有效性，防止单一风险在行业内被放大。

第四节　互联网支付的发展趋势与展望

一、移动支付将延续高速增长，促进普惠金融发展

近年来，随着通信行业的飞速发展和移动智能终端的不断普及，互联网支付业务持续向移动端转移，移动支付的市场规模正在迅速扩大。随着NFC支付、条码支付等创新产品便利性和安全性不断提升，客户对移动支付的使用频率和接受度将越来越高。可以预见，移动支付将保持高速增长的态势，在生活消费等便民支付领域发挥更加重要的作用。

在中央全面推进扶贫开发工作的大背景下，金融扶贫、普惠金融深入人心，移动支付的不断普及为实现普惠金融可持续发展提供了重要契机。移动支付可以满足农村客户转账、缴费、购物等小额金融服务的需求，成为解决金融服务“最后一公里”问题的有效手段。通过移动金融推动普惠金融将成为非银行支付机构深耕细作的重要方向。

二、二维码支付展开新一轮竞争

二维码由于其使用方便、操作简单、成本低等特点，已广泛应用于社会各领域，在提升用户交易体验的同时，已经成为线上线下各类增值业务的关键入口。由于商户对扫码支付接受度较高，扫码支付已成为传统快捷和网银支付的有益补充。

2016年12月12日，中国银联正式发布“银联二维码支付标准”，主要包括《中国银联二维码支付安全规范》和《中国银联二维码支付应用规范》。这意味着中国银联正式加入扫码支付战局，移动支付市场的竞争将会展开新一轮的争夺。一方面，以支付宝、微信为代表的非银行支付机构之间的竞争会变得更加激烈。另一方面，为应对非银行支付机构对银行卡收单市场的冲击，中国银联联合传统银行业金融机构发力二维码支付，使移动支付市场竞争愈加激烈。

专栏 二维码支付发展概况

2011年，支付宝试点推出二维码支付，探索线下银行卡收单市场。随后其他非银行支付机构逐步跟进，2013年，腾讯推出微信二维码支付。

2014年，作为一种新型的支付方式，由于尚未建立相关的技术性与安全性标准，监管部门暂停了相关业务。

2015年，非银行支付机构不断改进二维码支付业务和技术模式，增强其安全性，并通过补贴等方式大力培养用户移动支付习惯。

2016年起，随着用户习惯的培养，二维码支付交易量开始大幅攀升。微信和支付宝凭借二维码支付产品迅速扩大线下支付市场。

2016年7月，工行推出二维码支付产品，成为国内首家具有二维码支付产品的商业银行。

2016年11月9日，建行推出龙支付，成为同业首个融合NFC、二维码支付，覆盖线上线下全场景的全新支付产品组合。

2016年12月12日，银联发布二维码技术标准，将二维码支付业务定位为NFC云闪付业务的重要补充。采用传统银行卡支付四方模式（卡组织、发卡行、收单机构、商户），统一二维码支付业务卡组织技术标准，确保二维码的通用性和兼容性，发挥银联品牌和银行支付优势，促进市场良性竞争。

2016年，二维码聚合类支付技术服务公司迅速兴起，解决支付宝和微信、银联等二维码不通用、商户需要贴出多个二维码问题，将不同机构的二维码整合，为商户提供“一码通”收款服务。

三、跨境支付市场将持续扩大

非银行支付行业经过十几年的发展已进入成熟期，各大机构开始在场景拓展上发力，跨境支付成为重要方向。国内跨境外汇支付企业较多，已经有30家机构获得跨境支付许可，市场竞争日益激烈。除具有外汇支付业务许可的支付企业发展跨境外汇支付业务外，有很大一批支付机构开展跨境人民币支付业务。跨境支付的迅猛发展，主要得益于以下几个方面：

首先，随着我国人均国民收入的不断提高，社会公众对跨境购物、出境旅游和留学等需求不断增加，从而对便捷的跨境支付有较强烈的需求。其次，监管部门将跨境外汇支付试点业务拓展到全国，为非银行支付机构开展跨境支付业务创造了便利条件，跨境支付已成为非银行支付机构业务新增长点。再次，包括“一带一路”在内的对外开放政策，也对跨境支付市场规模扩大有着重要的促进作用。最后，跨境电商的迅猛发展也加速了跨境支付产业的建设。随着网购成为一种消费习惯，跨境电商的蓬勃发展带动跨境支付交易规模持续增长。

四、金融科技促进互联网支付跨越式发展

随着与互联网金融相关的监管政策更加清晰，金融科技公司和支付机构将开展更多的合作。通过大数据、云计算、人工智能等技术手段，支付机构能够更好地采集分析海量业务数据，运用大数据开展风险防控，改变传统金融的信息来源、服务渠道、风控模型和经营策略，引发支付产品和服务模式的深刻变革，助力支付机构跨越式发展。此外，区块链技术将影响到数字资产（如积分、卡券）使用和转移，以及境内支付、清算结算、跨境支付、公益募捐业务形态、时效性和交易可追溯，具有巨大的应用潜力。

五、向“支付+”的行业延伸发展

“支付+”模式是把支付和行业相结合起来，打通上下游资金、支付、结算及相应的增值金融服务和营销服务。向上可做基于场景的增值服务，向下可做基于数据的征信服务，使整个交易环节更加便捷。目前支付行业逐渐形成了以支付为主业，以数据、金融、消费、营销等业务为辅，覆盖线上、线下、移动端的一系列产品，形成了围绕支付主业的多元化发展态势。

第三章
个体网络借贷

- 2016年个体网络借贷发展情况
- 个体网络借贷的发展环境
- 个体网络借贷的主要问题与挑战
- 个体网络借贷的发展趋势与展望

2016年8月，银监会出台了《网络借贷信息中介机构业务活动管理暂行办法》（银监会令〔2016〕1号）以及关于网贷平台备案、资金存管等多项规章和指引，进一步引导行业规范发展。中国互联网金融协会切实发挥国家行业自律组织作用，先后出台和制定了包括自律公约、自律惩戒管理办法、个体网络借贷信息披露标准和互联网金融统计制度等在内的多项行业自律措施和制度标准，并积极开展投资者风险教育培训和政策宣传解读。随着监管逐步落地和自律机制效应显现，P2P等网贷行业整体风险水平逐步下降，行业乱象得到明显缓解。

第一节　2016年个体网络借贷发展情况

一、平台数量下降幅度较大，行业成交量和参与人数仍稳步增长

2016年，全国P2P等网贷行业运营平台数量降幅显著，截至12月末全国运营平台共2 649家，比上年末减少1 037家，降幅达28.1%，其中上半年运营平台减少310家，下半年减少727家。年末贷款余额8 034亿元，比上年末增加3 670亿元，全年贷款累计发生额19 975亿元，比上年增加10 151亿元，网贷行业交易规模不断扩大；历史累计参与人数（含出借人和借款人）5 109万人，比上年末增加3 596万人，其中：借款人数2 456万人，比上年末增加2 033万人，增长481.2%；出借人数2 653万人，比上年末增加1 563万人，增长143.4%，借款人数增幅远高于出借人数增幅。

2016年以来，尽管网贷行业监管渐严，运营平台数量不断减少，但是累计出借人数和借款人数均是逐月稳步增长，借款人数在下半年增速较快，至年底已接近出借人规模（见图3-1）。

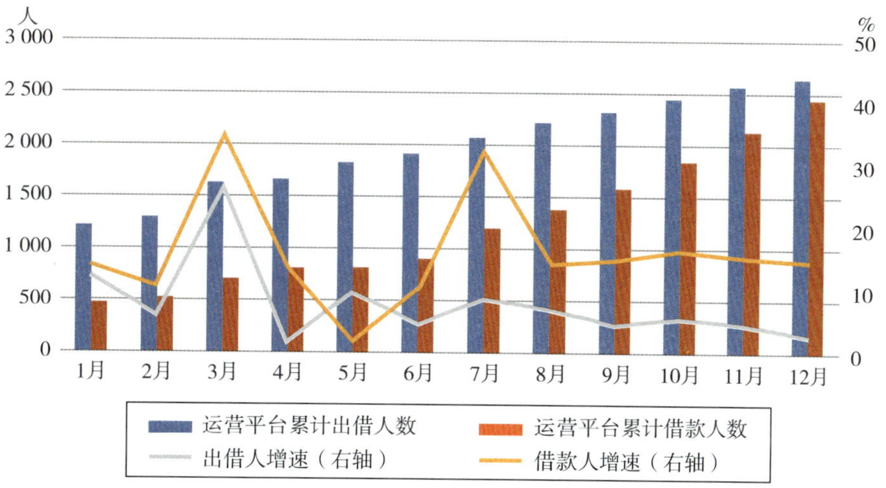

数据来源：中国互联网金融协会。

图3-1　2016年P2P等网贷行业出借人数和借款人数走势

二、行业发展地区集中度进一步提高

2016年末，P2P等网贷行业运营平台数量从高到低的前六名地区分别是：广东、北京、上海、浙江、山东和江苏，运营平台数量分别为480、476、372、274、146和106家，共计1 854家，占全国平台总数的70%，比上年末提高2.1个百分点（见图3-2）。这六个地区年末网贷行业贷款余额共计7 529亿元，占比93.7%，同比提高0.4个百分点，其中：北京2 896亿元、上海2 008亿元、广东1 521亿元、浙江624亿元、江苏318亿元、山东163亿元。

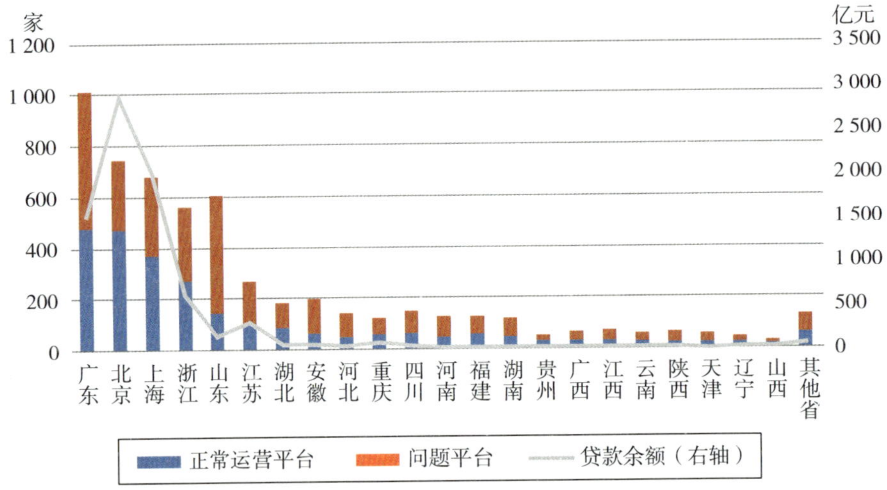

数据来源：中国互联网金融协会。

图3-2 2016年末P2P等网贷行业平台数量及规模分地区情况

三、行业平均收益率持续下降

2016年，P2P等网贷行业的投资者平均收益率为9.3%，同比下降1.8个百分点。全年行业平均收益率呈逐月下降的态势[①]（见图3-3）。2 313家有详细数据的运营平台中，收益率低于12%的平台有1 124家（其中，收益率低于8%的平台209家，在8%至12%之间的平台915家），占总运营平台数的48.6%，比去年提高21.7个百分点，低收益率平台占比提升导致整个网贷行业的平均收益率有所下降。受互联网金融风险专项整治及网贷行业监管细则的影响，部分收益率高企的平台或下调收益率或选择退出行业，而收益率较低且运行稳定的平台逐渐成为行业主流。

① 除2月投资者平均收益率环比有所回升外。

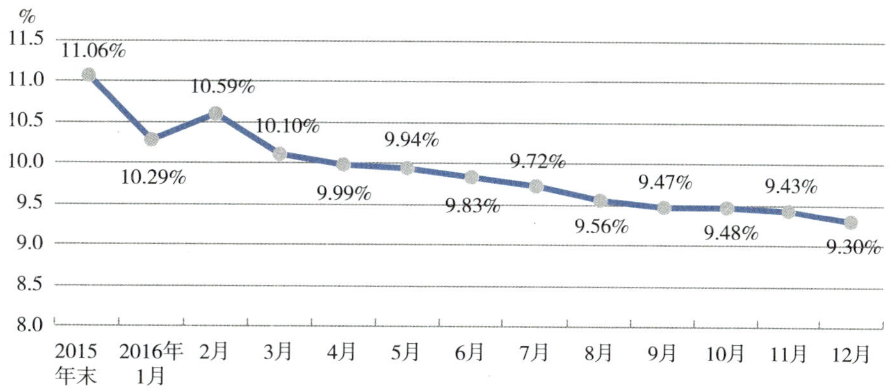

数据来源：中国互联网金融协会。

图3-3　2016年 P2P等网贷行业投资者平均收益率走势

四、借款期限有所增长，但仍以短期为主

2016年，P2P等网贷行业的平均借款期限为8.4个月，比上年末增长了1.7个月。从借款期限的分布来看，现阶段P2P等网贷行业借款期限仍以短期为主，年末的2 313家有详细业务数据的运营平台中，借款期限在6个月以下的平台共1 596家，占运营平台总数的69%，占比同比下降了5.4个百分点。其中：借款期限在1~3个月的平台有766家，占运营平台总数的33.1%；借款期限在3~6个月的平台有696家，占比30.1%；借款期限在6个月以上的平台有329家，占比14.2%（见图3-4）。

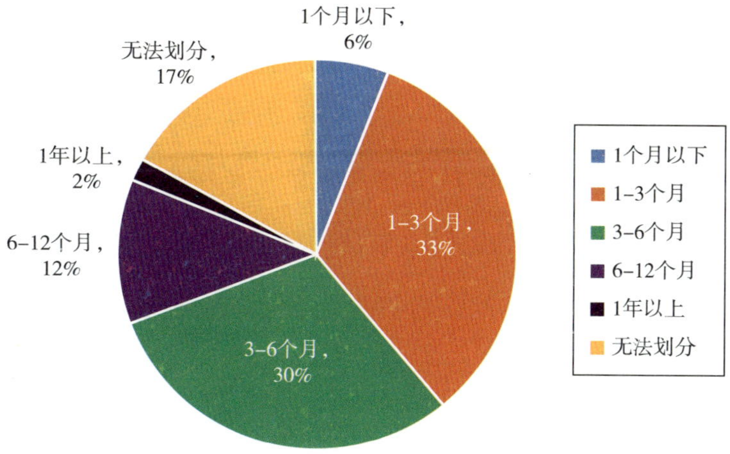

数据来源：中国互联网金融协会。

图3-4　各借款期限区间平台数量占比[①]

① 本图中“无法划分”的原因是获取平台期限相关数据难度较大。

第二节　个体网络借贷的发展环境

一、监管政策与行业自律规范陆续出台

2016年，网贷行业监管多措并举，监管政策与行业自律规范陆续出台。8月24日银监会颁布《网络借贷信息中介机构业务活动管理暂行办法》，10月13日银监会发布《P2P网络借贷风险专项整治工作实施方案》，11月银监会、工信部和工商总局印发《网络借贷信息中介机构备案管理登记指引》，同时专项整治各项工作稳步推进。网络借贷风险的整体水平在下降，风险案件高发、频发的势头得到了初步遏制，社会各界反响积极正面。

《网络借贷信息中介机构业务活动管理暂行办法》为行业发展带来了标志性的改变，明确了网贷平台信息中介机构的地位，对借款限额、信息披露、备案管理等都提出了具体要求。“同一自然人在同一网络借贷信息中介机构平台的借款余额不超过人民币20万元，在不同网络借贷信息中介机构平台借款总余额不超过人民币100万元；同一法人或者其他组织在同一网络借贷信息中介机构平台的借款余额不超过人民币100万元，在不同网络借贷信息中介机构平台借款总余额不超过人民币500万元”，使得网络借贷回归小额、分散的初衷。

行业自律方面，根据人民银行等十部委发布的《关于促进互联网金融健康发展的指导意见》与银监会等四部委发布的《网络借贷信息中介机构业务活动管理暂行办法》，中国互联网金融协会按照规范发展网络借贷的要求，筹备建立网络借贷专业委员会。

2016年10月28日，中国互联网金融协会发布T/NIFA 1—2016《互联网金融信息披露 个体网络借贷》标准和《中国互联网金融协会信息披露自律管理规范》。其中，T/NIFA 1—2016《互联网金融信息披露 个体网络借贷》标准定义并规范了96项披露指标，其中强制性披露指标65项、鼓励性披露指标31项，分为从业机构信息、平台运营信息与项目信息三方面，以期通过信息披露使行业达到“三个透明”，即通过披露从业机构、年度报

表、股东高管与平台经营等信息，达到机构自身透明；通过披露资金存管、还款代偿等信息，达到客户资金流转透明；通过披露借款用途、合同条文、相关风险以及借款人信用等信息，达到业务风险透明。《中国互联网金融协会信息披露自律管理规范》分为总则、信息披露管理与责任、信息披露方式和要求、奖惩、附则五部分，对经发现并被确认为违规的信息披露行为将依据相关条例实施自律惩戒。

二、“互联网金融行业信用信息共享平台”正式开通

2016年9月9日，由中国互联网金融协会组织建设的“互联网金融行业信用信息共享平台”正式开通。在当日的开通启动仪式上，中国互联网金融协会与17家会员单位集中签署了《中国互联网金融协会互联网金融服务平台信用信息共享合作协议》。

信用信息共享平台是协会履行自律管理职责的新探索，也是业界共同促进互联网金融规范发展的新举措。建设信用信息共享平台，首先有利于建设互联网金融行业信用体系。通过信用信息共享平台，依法有序纳入行业信用信息，不仅有助于完善互联网金融行业信用体系，还能够与国家金融信用信息基础数据库及其他行业信用数据库的现有数据形成互补，进一步夯实社会信用体系建设的信息基础。其次有利于加强互联网金融风险治理体系。通过信用信息共享平台，能够打通不同机构间的“信息孤岛”，实现信用信息的有效整合和充分运用，提升行业整体风险治理水平。同时还有利于完善互联网金融行业自律体系。通过信用信息共享平台，有助于督促会员机构在现有法律和规则框架下使用数据，履行法定义务，保护客户隐私信息，提高信用信息管理水平，促进行业自律体系持续完善。

第三节　个体网络借贷的主要问题与挑战

一、网贷行业合规发展成为首要挑战

2016年，一系列监管办法的出台为网贷行业合规发展指明了方向。在行业自律方面，中国互联网金融协会制定的T/NIFA 1—2016《互联网金融信息披露　个体网络借贷》标准和《中国互联网金融协会信息披露自律管理规范》也为行业进一步规范发展奠定了基础。

值得注意的是，在合规发展过程中，由于存量机构完成备案需达到各项整改要求，其中借款限额管理与银行资金存管是两个难点，特别是银行资金存管门槛普遍较高。同时机构对于经营年报、交易规模与逾期情况等敏感信息的披露存在一定顾虑。

二、行业基础设施建设有待继续完善

征信已经成为制约网贷行业健康发展的一个重要问题。大部分网贷机构尚未接入金融信用信息基础数据库，缺乏有效的欺诈和违约行为记录的共享机制，借款人的欺诈和违约成本较低。针对此问题，中国互联网金融协会搭建了信用信息共享平台，开辟了缓解现有突出矛盾的有效途径。

另一方面，目前网贷机构还游离于传统金融统计体系之外，第三方数据覆盖范围、精准程度都还存在较大不足，特别是逐笔资金监测方面有所缺失，给国家实施监管和调控带来困难。

此外，互联网金融在个人信息保护、客户身份识别、信息安全管理等方面缺乏全国统一的行业标准，导致不同区域的从业机构在经营行为和业务操作上存在很大差异，不利于金融消费者保护。

三、部分从业机构风险意识有待提高

良好的风险意识和风控水平是网贷机构规范发展的重要基础。然而，目前不少网贷行业从业人员虽然具有良好的技术背景、创新意识和创新激情，但风险意识、合规意识、消费者权益保护意识还有待提升。一些从业机构风险意识淡薄，股东结构和高管团队人员变换较大、变更频繁，经营能力不足，引发了一系列风险事件。一些高管对平台业务及互联网金融行业不熟悉，对公司缺乏清晰的发展定位，有些高管金融行业工作经验欠缺，业务知识不熟、风险意识较淡，合规意识不强，对监管政策理解不足，对平台发展非常不利。

第四节　个体网络借贷的发展趋势与展望

一、规则和标准进一步明确，行业发展趋于规范

2016年，互联网金融风险专项整治工作有序推进，《网络借贷信息中介机构业务活动管理暂行办法》等行业监管政策正式落地，初步明确了网贷监管体制机制及个相关主体责任，明确了网贷业务规则和风险管理要求，全面系统地规范了网贷机构及其业务行为，为行业规范发展指明了方向。未来，网贷行业监管制度体系将进一步完善，资金存管和信息披露的细则将陆续出台，覆盖全业态、全生命周期的互联网金融相关标准体系将逐步建立，行业自律管理水平进一步提高，监管主体、业务边界、运营规则将进一步明确，合规发展成为大势所趋。

二、行业优胜劣汰加速，运营平台数量将持续减少

随着风险专项整治工作不断深入，行业监管办法逐步落地，行业自律管理办法相继制定，前期存在资金池、大额标的等不规范经营行为的网络借贷平台正逐步整改或退出市场，网络借贷行业逐步回归理性。预计运营平台数量将进一步减少，一些不符合监管要求的平台将选择转型或退出，少数优质平台可凭其优势不断扩大市场规模，行业优胜劣汰加速，“马太效应”初步展现。

三、行业专注小微、分散，业务发展面临分化转型

《网络借贷信息中介机构业务活动管理暂行办法》对自然人和法人借款限额的明确规定，使得网络借贷回归小额分散的初衷，更加专注于普惠金融。企业或个人大额借款及房地产抵押借款业务受到抑制，机构将向更符合监管要求的小额信用贷款及消费金融类业务转型，预计消费金融类的汽车、教育、母婴等细分领域业务将快速发展。

四、部分平台向集团化发展

据不完全统计，2016年至少已有7家平台宣布向集团化转型。部分平台通过集团化的方式，不再局限于网络借贷，逐步进行横向或纵向的业务拓展，既有利于资产端及资金端的多样化发展，也有利于满足监管合规的要求。具体表现为对网络小贷、基金代销、保险代销等牌照的需求，对新技术如智能投顾、反欺诈的投入以及对外并购的增多等。

五、行业基础设施进一步完善，促进行业健康发展

中国互联网金融协会将进一步完善行业基础设施：一是推进统计监测系统二期建设工作，采用逐笔采集和接口采集方式，采集从业机构逐个项目和逐笔交易信息；二是推进举报信息平台二期系统建设，完善举报信息分析功能；三是完善互联网金融信用信息共享平台，积极扩大信用信息共享范围，为解决互联网金融信息不对称造成的骗贷、多头贷现象提供技术支持；四是建设全国互联网金融登记披露平台，为行业提供统一规范、公平公正的信息披露环境，开展产品登记功能建设，对金融产品当事人的权属关系、电子合同留存等进行登记管理。

第四章
互联网保险

- 2016年互联网保险发展情况
- 互联网保险的发展环境
- 互联网保险的主要问题和挑战
- 互联网保险的发展趋势与展望

2016年，在防控金融风险和互联网金融风险专项整治的背景下，我国互联网保险增长势头虽有所放缓，但行业规范良性发展态势明显。人身险等部分领域的保费收入仍保持较快增长，大数据、人工智能、物联网、区块链等新技术在保险领域的应用逐步深入，互联网保险新的商业模式不断涌现。

第一节　2016年互联网保险发展情况

一、互联网保险保费收入增长放缓，占保险业保费收入比例有所下降

2016年，我国互联网保险保费收入总额为2 348亿元，同比增长5.2%，较2014年和2015年分别回落180.3个和154个百分点；全年保费收入较2014年和2015年分别增加1 489亿元和115亿元。2016年我国保险业原保费收入3.1万亿元 ，同比增长27.5%，较2014年和2015年分别提高10个和7.5个百分点，较同期互联网保险保费收入增速高22.3个百分点。全年互联网保险收入占保险业保费收入的7.6%，占比较2015年下降1.6个百分点，较2014年提高3.3个百分点。全年新增互联网保险保单61.65亿件，占全部新增保单件数的64.6%。其中退货运费险签单件数达44.9亿件，同比增长39.9%（见图4-1）。

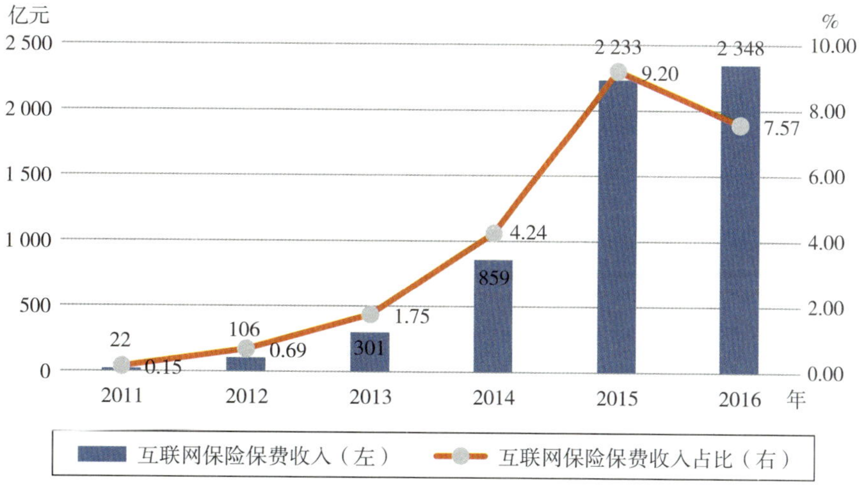

资料来源：中国保险业协会，中国互联网金融协会整理。

图4-1　互联网保险收入规模及占比趋势

2011—2015年我国互联网保险经历了爆发式增长，互联网保险收入占比由2011年的0.2%上升到2015年的9.2%，5年期间占比累计提高9个百分点。2016年互联网保险收入增

速大幅回落，占比明显下降，主要原因在于互联网保险风险专项整治的逐步深入和互联网保险牌照开始收紧。2016年持牌互联网保险公司117家，仅比2015年增加7家，而2015年比2014年增加25家。

二、互联网财产险保费收入首次出现负增长；人身险保费收入增速大幅回落，但仍保持较快增长

2016年，我国互联网财产险保费收入为403亿元，同比下降47.5%（保险业财产险保费收入增速为9.1%），较2015年回落99.4个百分点，与2012—2014年各年均高于100%的增速形成鲜明对比（各年的同比增速分别为344.9%、145.4%和113.7%）。全年互联网财产险保费收入占保险业财产险保费收入的4.6%，保费收入较2014年和2015年分别减少102.7亿元和365亿元。

互联网财产险保费收入下降较快主要与监管部门对部分场景保险的合规整治和商业车险费率市场化改革有关。2016年保监会叫停了一些无实质内容且偏离保险本质的场景保险产品，如中秋赏月险、脱单险、贴条险、跌停险和雾霾险等。另外，自2015年商业车险改革实施以来，传统车险线上化的价格优势逐渐削弱，同时客户对黏性活动和附加服务线下场景的交互需求持续上升，2015年以来互联网车险业务持续回流传统渠道，导致互联网车险保费收入持续下滑。由于互联网车险保费收入是互联网财险保费收入的主要来源[①]，因而车险保费收入增长放缓导致财产险保费收入增速大幅下降。

2016年，我国互联网人身险保费收入1 945亿元，同比增长32.8%，较保险业人身险保费收入增速低3.7个百分点；增速较2012—2015年大幅回落（各年增速分别为456.9%、548.6%和314.8%），但总体上仍保持较快增长，增速高出保险业保费收入增速5.3个百分点。全年互联网人身险保费收入占保险业人身险保费收入的11.2%，保费收入较2014年和2015年分别增加1 592亿元和480亿元（见图4-2）。

① 2016年我国互联网车险保费收入占互联网财产险保费收入的78.3%。

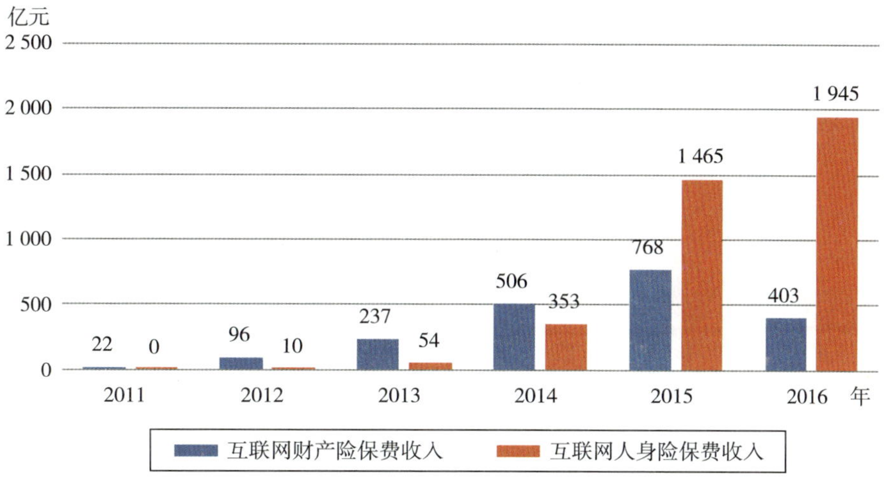

资料来源：中国保险业协会，中国互联网金融协会整理。

图4–2　互联网财产险保费收入和人身险保费收入规模

三、互联网人身险保费收入占比大幅上升，财产险保费收入占比持续下降

2016年，我国互联网人身险保费收入占互联网保费收入的82.8%，占比较2014年和2015年分别提高41.7个和17.2个百分点，2011—2016年占比累计提高81.5个百分点，同期互联网财产险保费收入占比则呈持续下降趋势。

互联网人身险保费收入占比持续大幅上升，主要原因是人身险与互联网的融合度不断提升，以及行业经营模式的加速转型升级。随着互联网技术的成熟和营销环境的改善，人身险保险公司纷纷借助互联网技术实现“线下”到“线上”的转移，尤其是中小人身保险公司将互联网作为开展业务的重要渠道，部分公司转型为互联网型保险公司。中大型人身险保险公司也纷纷“触网”，加大互联网战略布局和对传统渠道模式的再造。

专栏　互联网保险业的创新

互联网保险的创新反映在产品、渠道和服务等多个方面，创新的多元组合产生了

新的互联网保险商业模式。

从产品层面看，2016年6月，保监会批准设立3家相互保险公司，分别是信众惠财产相互保险社、汇友建工相互保险社和信美人寿相互保险社。传统保险公司也对其原有保险产品进行优选、改进和定制，为保险市场提供更有竞争力的保险产品。

从渠道层面看，各类保险营销渠道都在谋求交易和服务的更深层次延伸。目前共有69家保险公司建立保险产品直销平台。专业保险代理平台作为一站式保险产品超市，在不断丰富自有保险产品的同时，也同保险公司合作提供保险产品销售之外的服务。京东保险、淘宝保险等具有场景或流量优势的电商平台或门户网站也开始提供保险的兼业代理服务。

从服务层面看，保险市场出现了保单管理服务。用户通过被管理的保单，可判断自己保障场景的缺口，从而挑选适合自己的保险产品。

第二节 互联网保险的发展环境

一、行业监管政策逐步细化

2016年1月，保监会发布了《关于加强互联网平台保证保险业务管理的通知》（保监产险〔2016〕6号），针对互助类保险、信用保证保险等新兴保险产品进行规范，重点对互联网平台选择、信息披露、内控管理等提出了明确要求。

2016年4月，保监会等十五部门联合印发《互联网保险风险专项整治工作实施方案》（保监发〔2016〕31号），整治重点范围包括：互联网高现金价值业务、保险机构依托互联网跨界开展业务、非法经营互联网保险业务等。随着互联网保险风险专项整治工作有序推进，相关监管制度趋于完善，监管条款进一步细化，针对性和适用性进一步提高。

2016年9月，保监会发布了《关于进一步完善人身保险精算制度有关事项的通知》（保监发〔2016〕76号），对存续期较短的产品额度计算方法、保险金额、万能险账户管理、退保费设定、预定利率、年金保险形态等方面做出重大调整。保监会对人身险市场的进一步规范，遏制了互联网人身险业务的野蛮生长。以万能险为例，因其收益超过大部分银行理财产品，成为许多中小保险公司扩张保费规模的重要手段。随着保监会对万能险产品进行规范，部分中小保险公司的互联网人身险保费收入大幅减少。

2016年12月，保监会发布《财产保险公司保险产品开发指引》（保监发〔2016〕115号），明确提出保险公司不得开发无实质内容意义和炒作概念的噱头性产品，使得互联网财产险的保费收入有所下滑。

二、科技在保险业的应用方兴未艾

2016年，云计算、区块链、人工智能、物联网等技术在保险业的应用不断深入。

从云计算应用看，50余家保险机构与第三方云平台合作，有效降低了运营成本，促进了保险产品创新。从电子保单应用看，104家保险机构签发了3.6亿张电子保单，其中，财产险公司46家，电子保单数量2亿张；人身险公司58家，电子保单数量1.6亿张。

从区块链应用来看，相关技术开始应用在保险智能合约、相互保险等方面。2016年8月，阳光保险推出“飞常惠航空意外险”微信保险卡单。这款产品可以将保险电子卡单以红包的形式分享给好友，对方在出行前登记乘客和航班信息即可成为保单的受益人。

从人工智能应用来看，人工智能（AI）主要应用是保险业的精准定价、精准营销、风险控制、保险欺诈识别等领域。首先，AI客服系统可以降低保险企业的人工成本；其次，AI通过智能算法帮助用户制定更合适、更省钱的综合保险计划，并为用户提供保障风险评估、保险咨询、保险方案设计等服务；第三，保险智能投顾可实现产品精准化推荐，为用户定制个性化方案。

从物联网应用来看，物联网技术可实现保险服务的精准定价，为保险服务的精细化提供了重要支持。在物联网技术下，传感器技术可获取客户的历史数据并实时观察客户行为，从而实现对单个客户的车险定价。比如，车上装载行车记录仪，获取客户的驾驶行程数据，可实现车辆保险一车一价；可穿戴设备可实现对投保人健康状况的实时监测，为人身险的精准定价提供基础。

第三节 互联网保险的主要问题和挑战

一、部分互联网平台非法经营互联网保险业务

近年来，互联网保险业务种类不断丰富，规模持续扩大，风险总体可控，但在快速发展的过程中也暴露出一些风险和问题。其中，部分互联网平台非法经营互联网保险业务，加大了互联网保险业的风险：

一是依托互联网非法经营商业保险或保险中介业务。主要表现为未取得保险业务许可证的网站或移动客户端设置保险产品推介、理财代办等板块。

二是利用保险公司名义在互联网上进行虚假宣传。主要表现为假借保险公司名称、简称或LOGO等虚假宣传保险产品，并在消费者有投保意向时转为代理人线下销售。此外，还存在擅自开设虚假保险机构网站、微博、微信公众号等问题。

三是部分机构和个人基于网络平台推出多种形式的互助计划，滥用保险术语、假借保险名义进行不客观宣传，扰乱了保险市场秩序。这些网络互助平台不具备保险经营资质，持续经营能力和财务稳定状况存在一定隐患。

二、互联网保险与其他业态融合，跨界交叉传递风险上升

随着互联网保险与其他业态的逐步融合，部分保险公司开始向个体网络借贷、众筹等行业提供保险服务，导致发生跨界交叉传递风险的可能性有所提高。

在P2P网络借贷去担保化的大趋势下，一些P2P平台引入保险公司提供的履约保证险产品来转移风险，由于部分保险公司风控手段单一、缺乏风险识别能力，无法从源头降低借款人违约风险，导致P2P风险向保险领域传递。

此外，在众筹领域，为了规避项目发起方的逾期违约风险，部分互联网保险平台推出了跳票险。跳票险由项目方投保，一旦项目发起方发生延期发货及跳票现象，则由保险公司对投资者先行赔付，导致众筹领域风险向保险领域传递。

三、部分创新产品偏离保险本质，易催生道德风险

部分从业机构为了宣传和促销，盲目创新，推出了“跌停险”、“贴条险”、“脱光险”、“怀孕险”等场景创新保险产品。这些产品偏离了保险对客观风险进行损失补偿的本质，增大了投保人的道德风险，不具有商业可持续性。

基于投资理财需求推出的万能险和投连险，将保险产品异化为理财产品，不具有真正的保障功能，同样也偏离了保险的本质。万能险大多投资于固定收益类产品，预期收益率均高于同期限的银行理财产品。此类产品大多与第三方电商平台合作。由于收益率高，加上电商平台的信誉增值，产品往往供不应求。但万能险存在流动性高、资产负债错配、利差损失和销售误导等风险，保监会已收紧了万能险的销售。而投连险只提供基本事故保障，基本不涉及疾病、养老、意外等保障，投保人的大部分风险未能覆盖，导致客户对投连险兴趣不大，产品销售不佳，在投资型保险产品中正面临边缘化的处境。

四、互联网保险创新大多停留在需求与渠道层面

目前，由于电子保单的市场认可度不高，我国互联网保险企业主要借助网络平台进行产品宣传、投保和支付。投保人较关心的核保、理赔等服务仍在线下完成，存在程序繁杂、理赔不及时等问题。多数互联网保险创新仍停留在需求与渠道层面，主要应用于传统产品的线上化和碎片化的场景保险。市场上缺乏实现从保全到理赔全流程闭环交易的互联网保险产品。

五、互联网保险平台的获客成本大幅上升

经历十多年的快速增长，我国互联网的人口红利逐渐衰减，增长率趋于稳定，加上互联网保险的场景多集中于网络购物和出行，互联网保险平台的获客成本大幅上升，已与线下的获客成本基本接近，部分领域甚至高于线下成本。部分互联网保险平台急于扩大规模，盲目追求短期流量和短期效应，可持续发展能力较弱。由于互联网保险产品大多为标准化产品，增强客户黏性的难度较大，如何留住客户成为当前互联网保险平台面临的主要问题和难点。

六、新兴互联网保险公司的风控能力较弱

目前，新兴的互联网保险公司大多为初创型企业，缺乏在线客户身份认证的技术和手段，主要通过客户在网上填写的信息进行风险评估，存在信息不真实引发的欺诈风险。由于互联网保险信息的碎片化和交易场景的虚拟化，导致部分客户信息失真，给保险公司开展承保、理赔、投诉和续保等后续服务增加了难度，影响了客户体验和保险公司的后端服务保障能力。部分互联网保险公司为了提升客户体验，简化了理赔流程，理赔材料从以往的多方证明简化为拍照取证即可自动理赔，理赔流程的过于简化导致客户的道德风险上升。

七、大数据在保险行业的应用处于起步阶段

大数据目前在保险业的应用主要集中在产品营销、定价和风控三个方面。在营销方面，有的保险公司通过抓取浏览公司网站的用户，采取后续电话跟进等措施来搜集用户数据。在产品定价方面，大数据应用将更精准地制定保费费率，实现从“样本精算”到“个性精算”的定价，从而筛选高风险客户，挽留高价值客户。在风控方面，大数据主要应用于核保和理赔。

总体看，目前大数据在保险业的应用还处于起步阶段，仍面临诸多风险。一是数据质量不高的风险。在互联网产生的大量数据中，部分数据质量不高，技术造假更使数据真伪难辨。二是有效数据缺失的风险。大数据应用还可能面临数据来源不全，不足以弥补有效信息缺失的情况。三是大数据应用的技术风险。保险业对大数据的运用仍处于初期探索阶段，由于经验的缺乏，运用大数据准确建模进行风险定价的水平仍有待提高。

第四节　互联网保险的发展趋势与展望

一、互联网保险行业的跨界融合趋势走强

未来，越来越多的非保险企业将参与互联网保险公司的建立。这类新兴互联网保险机构将依托平台、场景、大数据技术对互联网保险产品、渠道、定价等环节开展变革，深挖互联网保险细分市场，通过精细化、差异化定位，并依托股东资源向线下保险领域延伸，抢占保险市场，对传统保险企业造成冲击。在此背景下，传统保险机构也将通过综合化经营、加强对外合作、加强技术创新等方式积极应对新兴机构带来的竞争压力。传统保险机构与第三方平台的合作可能逐渐从渠道合作转向数据合作，双方融合程度从而进一步提升。随着保险业与互联网行业之间的竞争融合，行业竞争主体将更为多元化、市场竞争程度进一步提高，公司间交叉持股、多方参与的竞争趋势可能将进一步加强。

二、新场景将不断衍生互联网保险需求

“互联网+”的深入发展以及消费升级逐步加快，将促使更多的消费场景走进人们的生活，并由此衍生出风险保障需求，因而未来场景消费保险将成为互联网保险发展的主力。部分互联网保险公司将以用户为中心，根据用户的使用习惯开展移动化投保、便捷理赔等全方位服务。通过不断提升用户体验，把分散在场景中的用户汇集到公司平台上，实现有效的用户回流，让场景更有价值。

其中，互联网健康险的发展潜力较大。2016年底，中共中央、国务院印发的《“健康中国2030”规划纲要》明确提出，要“积极发展商业健康保险，健全医疗保障体系”。未来互联网健康险领域需要探索区别于传统健康险的新模式，把健康服务和保险深度结合，努力为用户打造一个完整的大健康生态圈，让用户获得健康风险保障的同时，享受到更优质的医疗服务。

三、互联网保险领域的消费者权益保护将更受重视

如何提高消费者认识、选择保险产品的能力，提升消费者对相关风险的识别与防范能力，最终达到保护消费者权益的目的，将是未来互联网保险发展中的一个重要环节。随着消费者权益保护受重视程度的提高，未来互联网保险公司的信息披露将更为严格，保险产品的信息披露规则将进一步细化，在保险责任、告知义务、免责条款、退保的权利义务等方面将会进一步明确披露要求，防止避重就轻、销售误导。互联网保险公司应通过整合线上线下资源，在投保、查询、理赔等方面建立信息公开标准，保障消费者的知情权和选择权，不断提高市场透明度。

四、大数据技术在互联网保险领域的应用将进一步提升

在互联网充分普及的背景下，大数据将成为互联网保险公司的核心资产，大数据技术的应用将构成互联网保险公司的核心竞争力。保险公司通过对海量客户数据的分析，可以有针对性地对产品开发、定价、承保、营销、服务等多个方面提供决策支持，从而提升销售转换率。传统保险公司通过灵活运用大数据，可实现由被动理赔转为主动控制风险。

大数据技术在互联网保险领域的应用将在以下两个方面得到提升：一是保险精算体系应用大数据技术将促进产品定价更加高效与精准，从而提升保险机构反欺诈能力；二是互联网保险行业的大数据基础设施建设将进一步加强①，保险机构将通过建立风险控制模型实现精准防灾防损，有利于在风险控制和客户服务之间取得较好平衡。

① 保险基础设施主要包括社会保险意识、保险信用体系、保险专业人才体系、数据整合、征信技术等基础设施。

第五章
互联网基金销售

- 2016年互联网基金销售发展情况
- 互联网基金销售的发展环境
- 互联网基金销售的主要问题与挑战
- 互联网基金销售的发展趋势与展望

2016年，我国公募基金的资产管理规模创出新高。截至2016年末，各类公募基金资产管理规模合计9.2万亿元，同比增长9.1%。基金发行种类日益多样化，配比日渐合理。互联网基金销售保持高速增长，其中，货币基金的互联网销售仍占绝对多数。

2016年，针对互联网基金销售的监管趋严。监管部门对基金销售机构与互联网企业合作开展业务情况进行摸底排查及专项整治，互联网基金销售行为进一步规范，市场竞争环境得到优化。随着《证券期货投资者适当性管理办法》出台，基金投资者的权益保护也得到进一步加强。

第一节　2016年互联网基金销售发展情况

本文以下选取5家具有代表性的基金公司[①]（以下简称5家样本基金公司）进行抽样分析，大致反映过去一年中互联网基金行业的结构特点与发展趋势。

一、基金公司新增网上开户数增长较快，通过第三方渠道直接开户的比例逐年扩大

2016年，5家样本基金公司新增网上开户数1.21亿人，同比增长21.6%，其中，直接通过基金公司网上新增开户数0.78亿人，同比增长18.2%，占新增网上开户数的64.7%，占比分别比2015年和2014年下降1.8个和33.4个百分点，表明通过第三方基金销售平台、银行、券商等渠道网上开户的客户逐年增加。

二、货币基金和股票型基金发行占比大幅下降，债券型基金有所回升，QDII基金大幅上涨

货币基金经历2014年及2015年的大幅上涨后，市场上货币基金数量趋于饱和，2016年5家样本基金公司仅发行共2只货币基金，在所有类型基金发行数量中的占比大幅下滑，从2014年的29.7%降到2016年的2.5%。债券型基金在经历了2015年的低谷后，2016年有所回温，在5家样本基金公司发行基金总数量中占比19%，超过2014年的16.2%和2015年的3.7%，且2016年发行数量（15只）也是近三年最高。相较2015年的占比，QDII基金发行数量取得了长足的进步，发展迅猛，2016年5家样本基金公司共发行11只QDII基金，占其全部发行基金的13.9%（见图5-1）。足见我国基金发行种类日益多样化，配比日渐合理。

① 选取的5家样本基金分别为：富国基金、申万菱信基金、易方达基金、天弘基金和南方基金，下文中基金销售和开户数相关数据中不含南方基金。

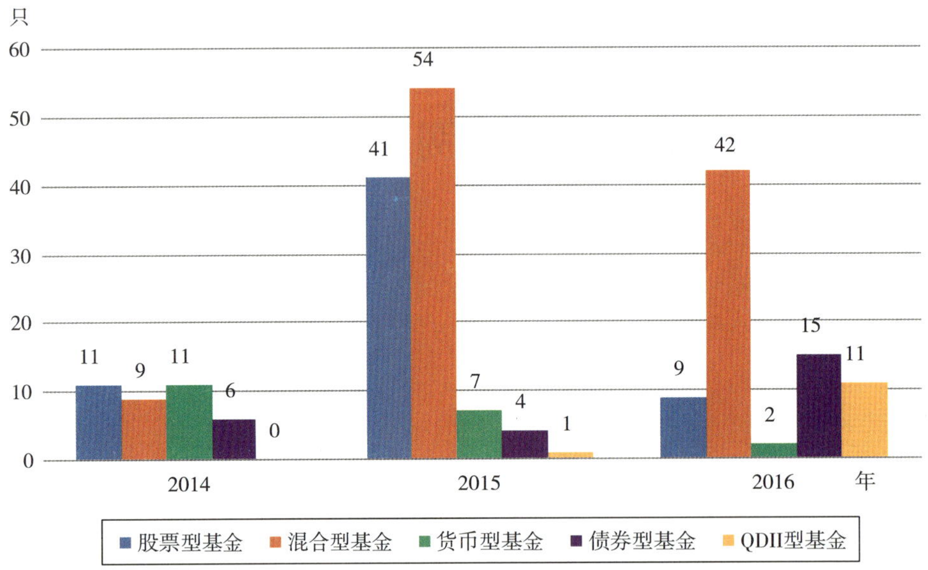

数据来源：中国互联网金融协会。

图5-1 样本公司基金发行数量及变化趋势

三、互联网基金销售仍以货币基金为主

2016年，5家样本基金公司互联网基金销售金额约8.44万亿元，同比增长39.3%，占全部基金销售的82.7%，占比分别比2014年和2015年上升2.5个和12.5个百分点，表明互联网已成为基金销售的主要渠道。在5家样本基金公司的互联网基金销售种类中，货币基金仍占绝对多数，5家公司2016年货币基金的互联网销售占比98%，比2014年和2015年分别提高1.5个和3个百分点（见图5-2）。债券基金与QDII基金发行数量虽均有所提升，但市场回应并不及时，货币基金仍是投资者首选的互联网基金投资种类。这与货币基金与互联网投资者内在需求相契合有一定关系，市场教育普及不到位也影响投资者的选择。股票型基金受发行量和市场波动影响，2016年5家样本基金公司通过互联网销售总金额168.2亿元，占全部互联网基金销售的0.2%，比2014年和2015年分别降低0.08个和0.75个百分点。

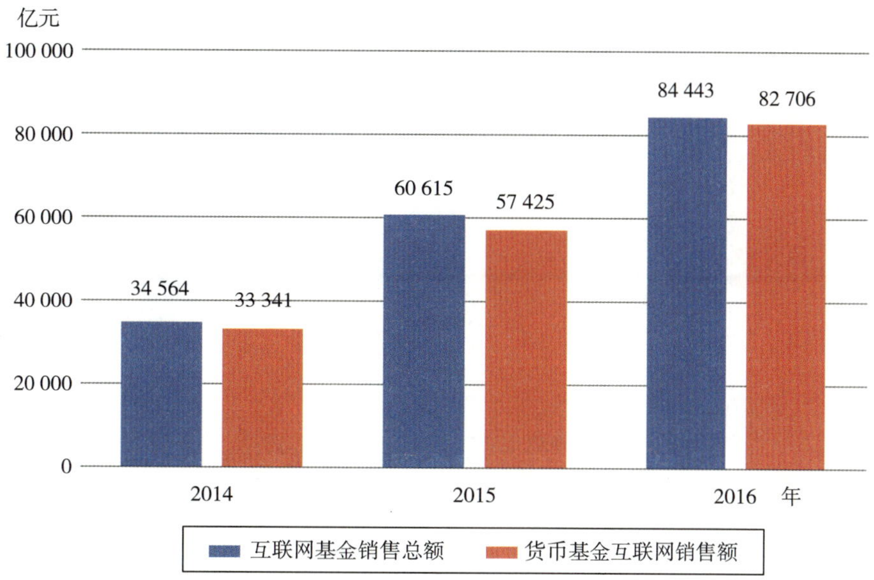

数据来源：中国互联网金融协会。

图5-2 样本公司互联网基金销售与货币基金互联网销售金额

四、互联网直销占比有所提升，商业银行及证券公司仍是主要传统销售渠道

2016年，5家样本基金公司通过互联网直销[①]的总金额为8.36万亿元，占其全部基金销售总金额的81.9%，分别比2014年和2015年提高3个和14.1个百分点（见图5-3）；互联网直销金额占全部互联网基金销售的99%，比上年提高2.5个百分点，表明基金公司的互联网直销仍然是目前互联网基金销售的主要渠道，第三方机构通过互联网代销的金额占比有所下降。

在传统基金销售机构中，商业银行及证券公司的销售金额占比相对稳定。2016年5家样本基金公司通过商业银行和证券公司分别销售基金4 241.9亿元和2 925.2亿元[②]（见图5-4），同比分别减少2 538.9亿元和5 287.6亿元；占全部传统基金销售机构销售总额的32.3%和24.9%，同比分别提高7.4个和下降7.9个百分点。

① 互联网直销指基金公司在自有官网、APP、微信销售等；互联网代销指具有基金销售资格的第三方代销平台（天弘基金的余额宝归为互联网基金直销类别）。

② 此处的传统基金销售机构数据包括线下与线上数据。

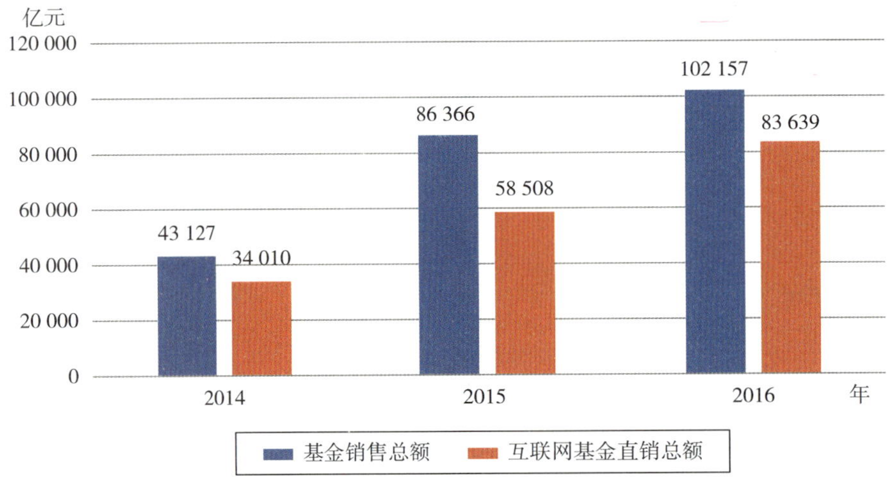

数据来源：中国互联网金融协会。

图5–3　样本公司基金销售总金额与互联网直销金额

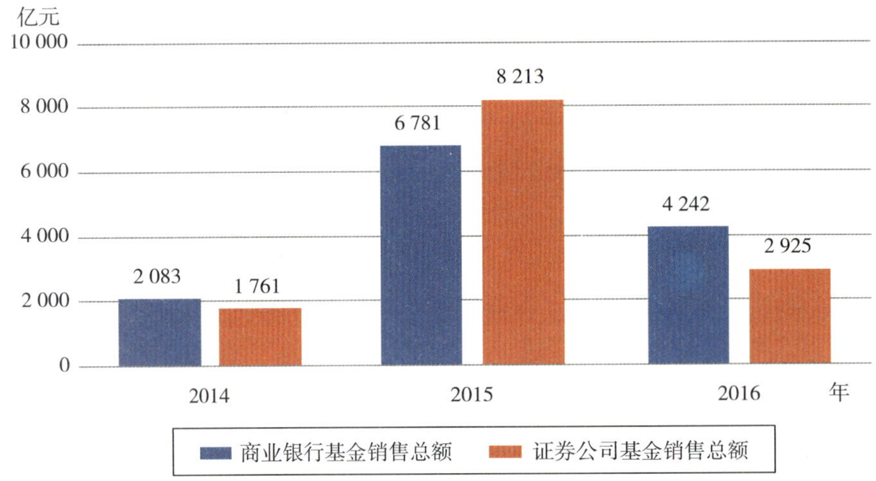

数据来源：中国互联网金融协会。

图5–4　样本公司通过商业银行与证券公司销售基金金额

专栏　私募基金的网上销售情况

截至2016年底，基金业协会登记私募基金管理人19 143家，其中私募证券基金管理人7 952家，私募股权基金管理人7 472家。其中，私募基金销售主要指私募证券基金销售，投资标的主要为二级市场的证券产品，有“阳光私募产品”之称。私募基金产品的销售渠道早期以银行、券商为主，目前有转向私募基金直销、第三方平台代销以及互联网销售的趋势。但私募基金产品的网销平台还会涉及其他高风险的金融产品。依据私募基金相关管理办法，合格投资者仅能通过私募基金的网销平台了解信息，目前仅支持线下申购，所以并非真正意义上的互联网销售。

第二节 互联网基金销售的发展环境

一、投资者适当性管理制度体系基本确立

近年来，互联网基金销售业务快速发展，满足了大众不同层次的投资理财需求，但同时也对投资者适当性管理提出了挑战。证监会不断推进投资者适当性管理工作。2016年12月出台的《证券期货投资者适当性管理办法》（证监会令第130号，以下简称《管理办法》）是在总结各市场、产品、服务的适当性要求基础上制定的证券期货市场统一的适当性管理制度，明确投资者基本分类、产品分级底线标准，规范经营机构义务，强化监管与自律要求，标志着我国证券期货市场有了关于投资者适当性管理的基础性法律规范，投资者适当性管理制度体系基本确立。

《管理办法》将投资者分为专业投资者和普通投资者，要求经营机构必须对普通投资者进行分类管理，按照普通投资者的分类与产品、服务的风险等级进行匹配，同时在销售和服务过程中，对普通投资者实行有别于专业投资者的告知和风险警示。

根据《管理办法》规定，互联网基金销售从业机构应当多层次、多角度、全方位建立落实投资者适当性管理内控保障体系，切实有效保障投资者权益。做好投资者适当性管理是一项长期工作，也是我国基金市场规范发展的重要环节。互联网基金销售从业机构需要首先承担起“卖者有责”的义务，进而为市场积极有效地培育和建设“买者自负、风险自担”的良性投资文化。

二、互联网基金销售监管趋严

2016年6月初，各地证监局向辖区内的公募基金管理人和基金销售机构下发专项整治通知，对基金销售机构与互联网企业合作开展业务情况、通过互联网开展资产管理及跨界从事金融业务的情况、互联网金融广告及以投资理财名义从事金融活动的情况进行摸底排查及专项整治。

监管部门要求互联网基金销售机构不得因借助互联网平台或者信息技术手段而改变基金销售业务的本质，基金销售业务应当在持牌机构内部完成。同时，严查基金销售机构利用互联网开展不规范业务的行为，对相关机构提出重点整治要求：第一，加强信息技术系统管理，严格落实法律法规对于客户信息保护的要求；第二，基金宣传推介资料需经严格审查，坚决杜绝基金宣传推介材料存在虚假、误导、遗漏，或者违规预测基金的投资业绩，违规承诺收益或者承担损失，不得混同、比较货币市场基金与银行存款或其他产品的收益；第三，销售行为合规，基金销售机构不得以低于成本的销售费用销售基金，或者采取抽奖、回扣、送实物、保险、基金份额等方式销售基金；第四，信息披露完整，明确揭示基金销售服务主体、风险及产品名称等信息，不得以宣传理财账户或者服务平台等名义变相从事货币市场基金宣传。

通过专项整治，有效规范了互联网基金销售行为，及时扭转了互联网基金销售业务偏离正确创新方向的做法，促进了互联网基金销售有序健康发展。

三、公募基金销售牌照受追捧，市场竞争日趋激烈

2016年下半年，证监会对独立基金销售机构的牌照核发速度明显放缓。2016年7月至9月仅有4家独立销售机构获批，9月至12月则一家也没有通过。一方面是牌照审批的收紧，另一方面机构对牌照的需求却在增加，尤其是很多互联网平台纷纷转型财富管理，对基金销售牌照十分渴求。因此，已核发的销售牌照被市场热炒，牌照价格不断走高。

在监管趋严、基金市场行情不佳、互联网巨头加强市场争夺等综合因素的影响下，基金销售市场已经陷入红海。2016年部分老牌平台销售规模下滑，收入下降，而一些新的销售机构因互联网优势业务大增，基金销售市场格局有所改变。

第三节　互联网基金销售的主要问题与挑战

一、互联网基金销售平台产品和服务同质化程度较高

互联网基金销售机构销售模式单一，产品服务同质化严重。对于投资者而言，基金销售机构除了提供便捷的互联网服务、较低的手续费之外，目前还没有太多其他的客户增值服务。为抢滩客户市场，各基金销售机构争相降低申购费率，费率从过去的四折左右普降至一折左右。未来，若某些销售机构不能紧跟行业发展形势，提高公司的核心竞争力和差异化定位，可能无法适应激烈的行业竞争。

二、互联网基金销售平台交易安全性有待提高

互联网重塑基金销售业务的同时，也带来了新的信息安全问题。首先是数据集中带来的安全性问题。互联网为基金机构联接和汇集多方面的数据提供了更大的便利性，但数据的集中也就意味着安全风险的放大。其次是电子化合同的风险。传统的合同签署往往是纸质的文件，其私密性相对较高，但一些互联网基金业务只有电子合同，在一定程度上增加了信息安全的风险。此外，互联网基金销售还面临其他互联网行业普遍存在的一些共性问题。一是技术问题带来的安全风险。由于网络平台本身可能存在设计缺陷、技术漏洞等问题和目前的大数据、云计算等新技术的发展仍不够成熟，相应的安全机制也有待完善。二是人为因素导致的信息泄露。在利益的驱动下，个别单位或工作人员可能会非法出售、提供公民个人信息。三是管理不善带来的操作风险。由于管理机制的不完全和不健全，可能增加流程衔接不到位、工作人员操作失误的风险。

三、部分互联网基金销售机构内部合规风控意识有待加强

互联网基金销售业务发展过程中，部分市场参与主体对基金销售业务不熟悉，合规风控意识薄弱，对客户身份的核查、异常交易行为监控力度不足，一些机构出现了诸如

违规承诺收益、宣传推介不合规等违法违规现象，部分基金销售机构及合作的互联网平台对相关监管要求理解存在偏差，或者存侥幸心理，出现打“擦边球”的现象。以上合规风险折射出部分基金销售机构风控意识不强，存在风险隐患。随着相关法律法规的出台，投资者保护和教育意识的加强，需要各机构建立全员合规化的合规体系，防范并控制各类合规风险，稳步推进行业自身发展，推动公司特色化经营。

第四节 互联网基金销售的发展趋势与展望

一、互联网基金销售业务将日趋规范

近年来，涉及业务规则、投资者适当性保护、信息技术安全保护等方面的一系列基金销售业务的监管政策陆续出台实施，基金销售机构进入政策落实和消化调整时期。从基金销售机构监管环境来看，总体趋向更为严格，合规性要求不断提高，对违规开展业务的容忍度进一步降低，对风险防控薄弱企业的约束将会加强。

二、互联网基金销售机构的竞争将更加激烈

基金销售的市场竞争将会更加激烈，互联网基金销售机构的经营策略必须不断调整以应对挑战。未来互联网基金销售机构需全面深化与基金公司的合作，根据客户交易行为和需求分析，积极深入参与产品开发。同时，互联网基金销售机构间也将开展合作，发挥各自优势，开展销售和服务创新。

互联网基金销售服务将从售前向售后转移，同时基金销售服务的专业化水平需进一步改进和提升，将基金客户的基数做大，进而培养客户长期持有的理念。可预见的是，基金客户购买基金产品不仅可以体验到资讯快捷、品种海量、费率低价等互联网特点，还可以体验到融合金融科技、服务更为专业的互联网基金销售服务。

三、互联网基金销售服务向财富管理转型

互联网基金销售的发展表明仅单一售卖基金产品的方式会使平台发展道路越走越窄，互联网基金平台不应仅仅是基金产品的“货架”。目前，多家机构已经将目光投向了财富管理的领域，以其专业知识为依托，为用户提供智能资产配置服务，个性化定制公募基金组合。比如，某商业银行推出的基金投资账户，投资者利用该账户可便捷地在

货币基金、债券基金、股票基金之间进行资产配置和调仓。

可见，基金销售机构已不满足于单纯的基金销售，而是更多地参与到用户的财富管理资产配置中，向互联网财富管理转型或将成为互联网基金销售的一种趋势。

第六章 互联网消费金融

- 2016年互联网消费金融发展情况
- 互联网消费金融的发展环境
- 互联网消费金融的主要问题与挑战
- 互联网消费金融的发展趋势与展望

2016年，在政策环境和市场需求驱动下，我国互联网消费金融市场快速发展。一方面，2016年我国社会消费品零售总额保持高速增长，网络消费、信用消费日益普及，互联网消费金融市场规模持续扩大。另一方面，在较宽松的政策环境下，众多市场机构纷纷涉足和拓展消费金融市场，业务创新和技术创新不断涌现，互联网消费金融市场竞争加剧，互联网消费金融成为互联网金融领域最活跃的业态之一。

第一节　2016年互联网消费金融发展情况

本年报选取6家具有代表性的互联网消费金融机构[①]（以下简称6家样本机构）作为分析样本，并通过6家样本机构的汇总数据分析2016年我国互联网消费金融的现状和发展态势。

一、新增注册用户数稳步增长，下半年注册用户数波动较大

2016年，6家样本机构的注册用户数增加5 603万人，较2015年增长38.5%，各月注册用户数波动较大。其中，2月份春节期间新增注册用户数在各月中最低，仅为194万人，上半年新增注册用户数保持小幅波动，8月份开始持续上升，11月份达到最高点，用户数为1 150万人，较1月份增长264.8%，12月份新增注册用户数回落至375万人（见图6-1）。

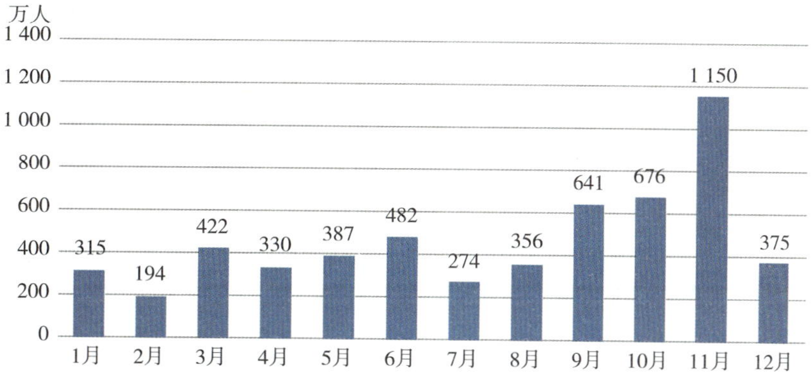

数据来源：中国互联网金融协会。

图6–1　2016年样本机构各月新增注册用户数

二、消费信贷金额及笔数增长迅速，平均单笔贷款金额较小

2016年末，6家样本机构的贷款余额为1 282亿元，较年初增长193.2%；全年新

① 选取的6家互联网消费金融平台包括掌众金融、51信用卡、分期乐、蚂蚁花呗、京东白条、链家消费金融。

发消费贷款4 810亿元，较上年增长249.3%；全年新发消费贷款6.6亿笔，较上年增长219.1%，平均单笔贷款金额约为730元，体现了互联网消费金融产品的“小额”特征。

从2016年各月情况来看，6家样本机构下半年的贷款发放额明显高于上半年。下半年，6家样本机构发放贷款3 158亿元，较上半年增长91.1%，发放贷款39 748万笔，较上半年增长51.9%。同时，受电商年中促销及“双十一”影响，6月和11月出现两次显著上浮，11月和12月贷款发放额明显高于其他各月。11月和12月贷款分别发放8 767万笔和8 183万笔，较月均贷款发放笔数分别高出59.6%和48.9%；贷款发放额分别为808亿元和751亿元，较月均贷款发放额分别高出101.5%和87.4%（见图6-2）。

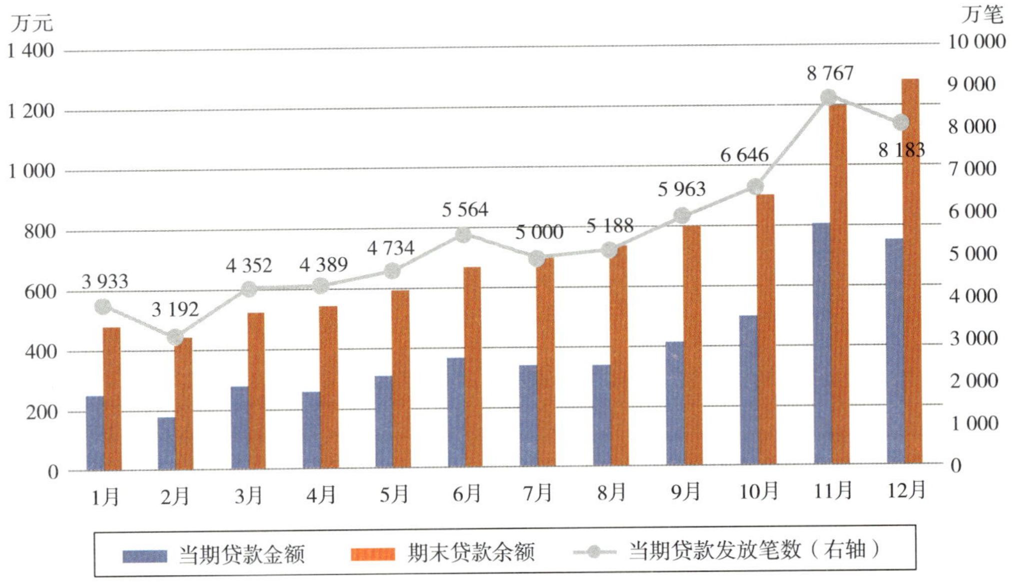

数据来源：中国互联网金融协会。

图6–2　2016年样本机构贷款金额及笔数

三、互联网消费金融用户呈年轻化特征，东部地区用户占比较高

截至2016年末，6家样本机构累计用户年龄在20-30岁（含）的占比为59.4%，30-40岁（含）的占比21.1%，18-20岁（含）的占比13.1%，40岁以上的占比6.4%（见图6-3）。消费金融的参与主体主要为“80后”、“90后”等消费观念相对超前的群体，“60后”、“70后”占比较小。

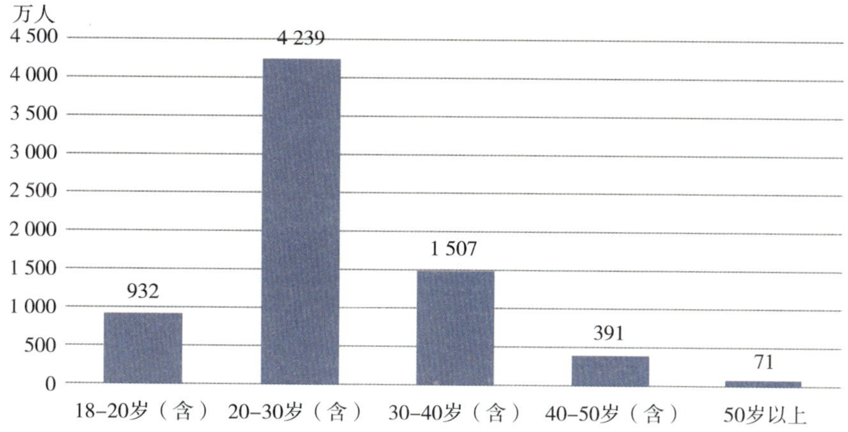

数据来源：中国互联网金融协会。

图6–3　2016年样本机构累计用户按年龄分布

从累计用户地域分布来看，东部地区用户数占比为55.3%①。广东、江苏、浙江、北京、山东5个地区的用户数占比较高，依次为14%、8.1%、8%、5.4%和5.3%，5个地区用户数占比合计为40.8%，西部的四川、中部的河南和东部的福建的用户数占比也比较靠前，三个地区的用户数占比依次为4.9%、4.8%和4.6%（见图6-4）。

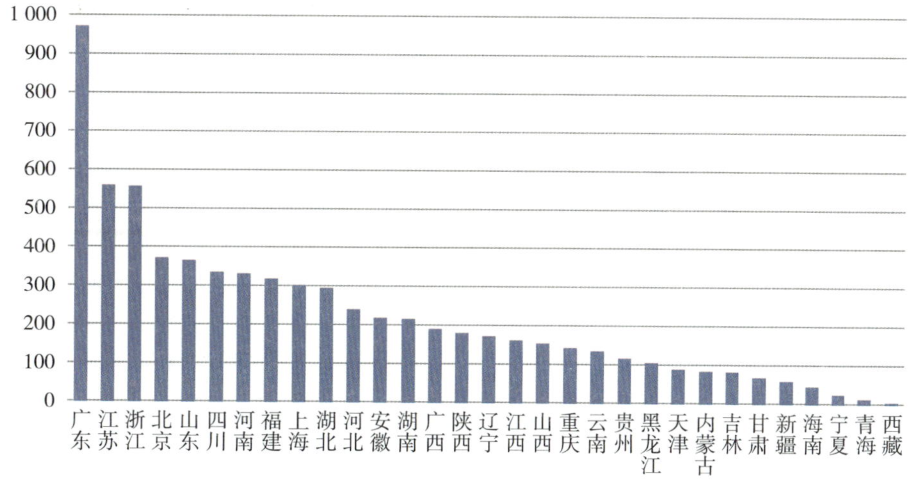

数据来源：中国互联网金融协会。

图6–4　2016年样本机构累计用户按地域分布

① 东部地区包括：北京市、天津市、河北省、山东省、江苏省、上海市、浙江省、福建省、广东省、海南省。

四、小额与短期贷款占比较高，还款方式多为一次性还本付息，贷款用途以网上零售为主

2016年，6家样本机构发放1 000元以下的贷款笔数占比超过八成，1万元以上贷款仅占总笔数的0.4%（见图6-5）。

从用户授信情况来看，2016年末累计用户中逾九成用户授信低于1万元（含），授信额度在1万元以上的用户仅占6.9%（见图6-6）。

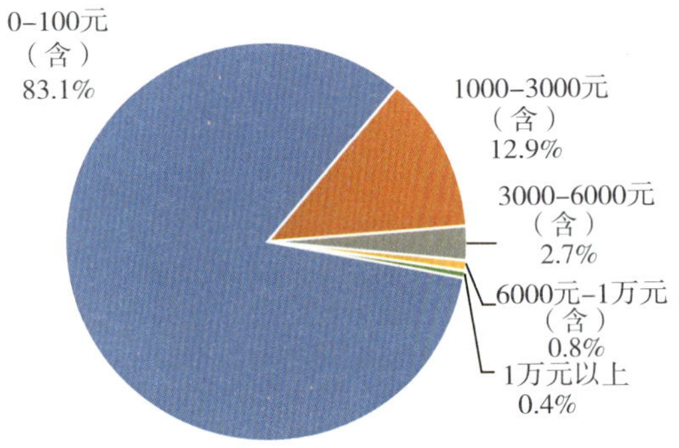

数据来源：中国互联网金融协会。

图6-5 2016年新增贷款笔数按金额分布

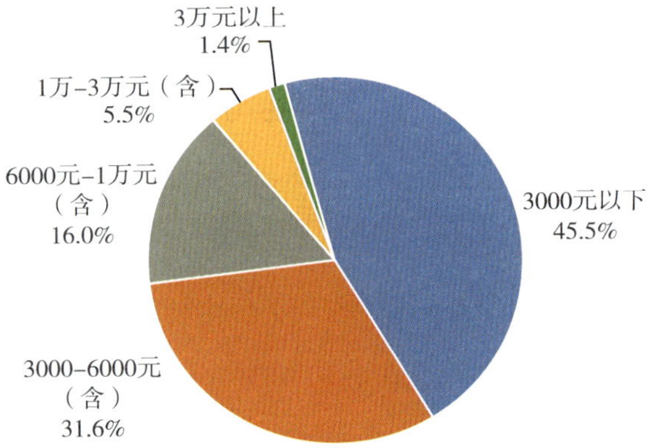

数据来源：中国互联网金融协会。

图6-6 2016年末累计用户数按授信分布

2016年，6家样本机构贷款期限在1个月（含）以内的新发贷款笔数占比为60.4%，1~3个月（含）、3~9个月（含）和9个月~1年（含）的贷款笔数占比分别为29%、2.8%和6.6%，九成以上新发贷款集中在半年以内，1年期以上贷款仅占1.2%（见图6-7）。

从还款方式来看，近七成的新发贷款采取一次性还本付息方式，采取等额本息、等额本金和等本等息三种方式的新发放贷款笔数分别占总笔数的27.9%、0.4%和0.4%（见图6-8）。

2016年，6家样本机构新发放的贷款主要投向网上零售、租房、购车、教育、旅游、家装、婚庆等用途[①]。新发放贷款笔数绝大多数集中于网上零售，全年新发放网上零售贷款笔数约6亿笔，占全部新发放贷款笔数的95.2%。贷款新发放额占比较高的依次为

① 贷款用途数据不包含掌众金融和51信用卡数据。

网上零售（占比为75%）、租房（占比为1.8%）、购车（占比为1%）、教育（占比为0.1%）。平均单笔贷款金额较高的依次为家装（12.6万元）、购车（4.7万元）和租房（2.3万元），网上零售的平均单笔贷款金额最小，仅为217元（见表6-1）。

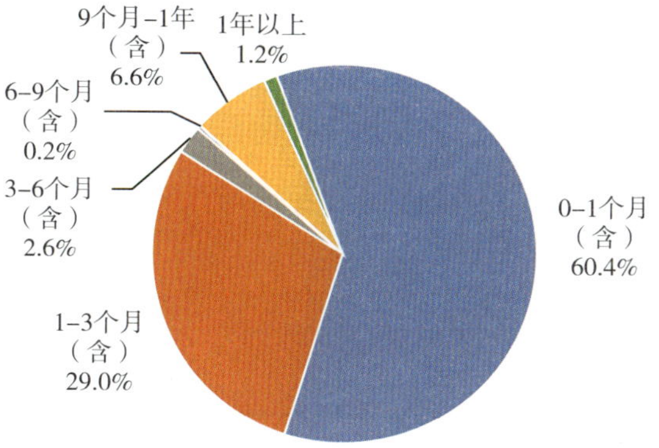

数据来源：中国互联网金融协会。

图6–7 2016年新增贷款笔数按期限分布

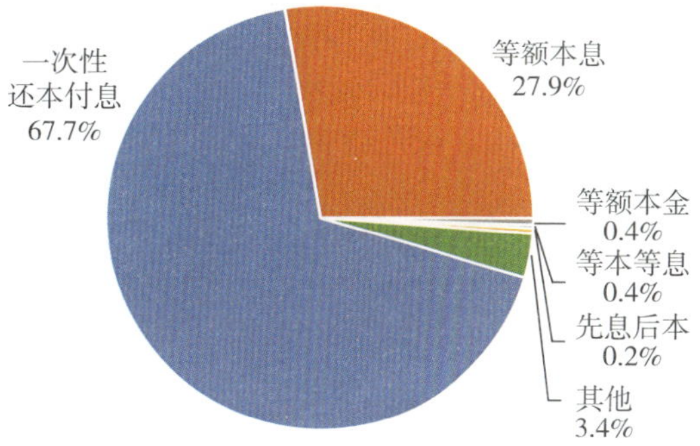

数据来源：中国互联网金融协会。

图6–8 2016年新增贷款笔数按还款方式分布

表6–1 2016年样本机构新增贷款按用途分布

贷款用途	新发放贷款笔数		新发放贷款金额		笔均贷款金额（元/笔）
	笔数（笔）	占比（%）	金额（万元）	占比（%）	
网上零售	626 949 063	95.2	13 601 648	75	217
家装	432	0	5 459	0.03	126 358
旅游	44 769	0.01	19 024	0.1	4 249
教育	36 909	0.01	20 585	0.1	5 577
购车	39 107	0.01	183 488	1	46 919
婚庆	29	0	8	0	2 782
租房	141 047	0.02	330 588	1.8	23 438
其他	31 229 663	4.7	3 973 361	21	1 272

数据来源：中国互联网金融协会。

五、互联网消费金融利率水平总体较低，高息贷款仍具一定规模

2016年，6家样本机构发放的新增贷款中利率在0~5%（含）的新增贷款笔数占比为70.6%，利率在5~10%（含）的新增贷款笔数占比为21%，利率在10%以上的新增贷款笔数仅占8.4%。互联网消费金融贷款利率总体水平较低的主要原因在于大部分网上零售贷

款采取一定期限免息期的营销策略，拉低了互联网消费贷款的总体利率水平。此外，利率水平在30%以上的新增贷款超过1 000万笔，占比为1.6%，高息贷款仍然具有一定规模（见图6-9）。

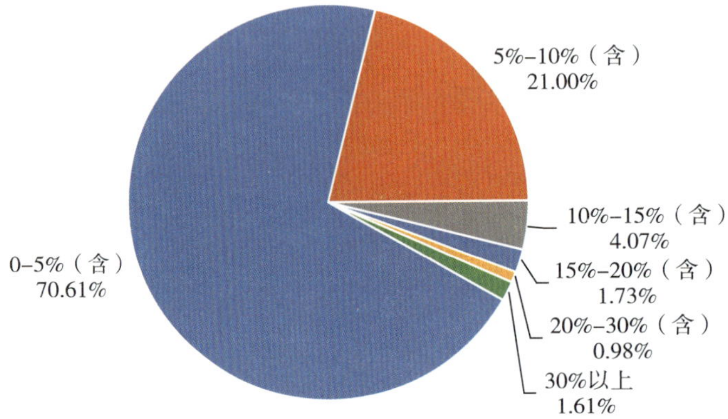

数据来源：中国互联网金融协会。

图 6–9　2016年样本机构新增贷款利率分布

六、互联网消费金融的不良贷款率和贷款逾期率有所上升

2016年，6家样本机构的平均不良贷款率为1.9%，比2015年增长26.9%；平均贷款逾期率为2.5%，比2015年增长14.2%①（见图6-10）。

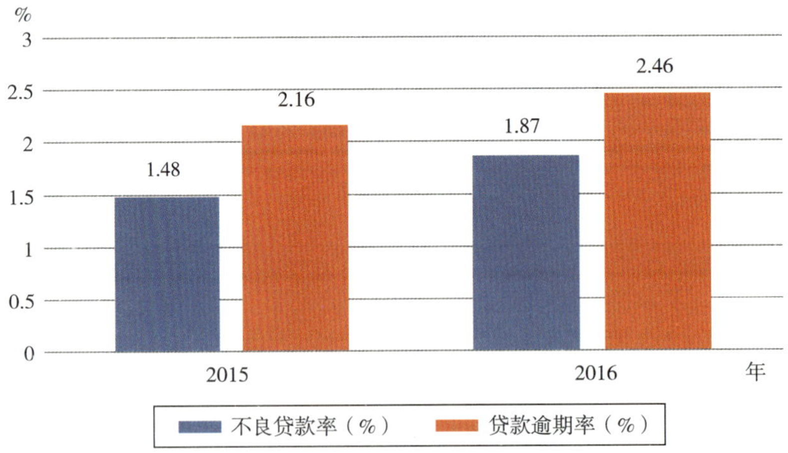

数据来源：中国互联网金融协会。

图6–10　样本机构不良贷款率和贷款逾期率

① 由于样本空间变动，本统计结果与2015年报数据存在差异。此外，本统计结果仅包含6家主要机构，不代表行业整体水平。

专栏　互联网消费金融领域的资产证券化

资产证券化（ABS）正在成为解决消费金融融资问题的一个重要方向，并且越来越受到企业重视。我国消费金融类ABS近年来得到迅猛发展：一是相比于传统融资渠道，ABS资金成本相对较低，回笼速度快；二是券商、信托、银行等传统金融机构，出于增加业务收入和拓展业务范围的需要，积极推进消费金融类ABS；三是良好的政策环境。

2011年9月，重庆阿里小贷（蚂蚁小贷前身）试点第一单小贷公司资产转让（私募）；2013年6月，证监会批复重庆阿里小贷资产证券化在深圳证券交易所挂牌交易，这是小贷公司第一单交易所挂牌交易产品。

2013年，证监会出台《证券公司资产证券化业务管理规定》明确：专项计划“以基础资产产生的现金流循环购买新的同类基础资产”，推动了小微企业和消费信贷等期限不固定资产的证券化。目前，小贷公司所有存续资产证券化项目都实现了循环注水，大幅减少了资金闲置，降低了资金成本，保护了出借人利益。

2014年，蚂蚁小贷发行了第一单由信用保证保险作为外部增信的小贷公司资产证券化产品，推动了ABS产品增信方式的创新。

2015年8月，蚂蚁小贷发行了第一单由人民币合格境外投资者（RQFII）全额认购优先及次优份额的小贷公司资产证券化产品，打通了蚂蚁小贷资产证券化业务的海外资金渠道。

为保护出借人利益，蚂蚁小贷资产证券化业务十分审慎，按照先私募后交易所挂牌交易、先境内资金后境外资金等原则，逐步稳妥开展证券化业务。

第二节　互联网消费金融的发展环境

一、政策鼓励消费金融行业发展

我国经济结构转型升级为互联网消费金融的发展提供了历史机遇。2016年，我国消费平稳较快增长，投资增速缓中趋稳，贸易顺差收窄。2016年，我国社会消费品零售总额为33.2 万亿元，较上年增长10.4%，扣除价格因素实际增长9.6%。全年最终消费支出对国内生产总值增长的贡献率为64.6%，消费拉动作用增强，经济结构继续优化。

在这样的大背景下，互联网消费金融迎来了重要的发展机遇。2015年11月，国务院印发《关于积极发挥新消费引领作用加快培育形成新供给新动力的指导意见》（国发〔2015〕66号），全面部署以消费升级引领产业升级，以制度创新、技术创新、产品创新满足并创造消费需求，激活经济增长内生动力。2016年1月，国务院印发《推进普惠金融发展规划（2016—2022年）》（国发〔2015〕74号），首次从国家层面确立普惠金融的实施战略，明确指出要促进消费金融公司发展。2016年3月，政府工作报告指出，在全国开展消费金融公司试点，鼓励金融机构创新消费信贷产品。同月，人民银行、银监会联合印发《关于加大对新消费领域金融支持的指导意见》（银发〔2016〕92号），从积极培育发展消费金融组织体系、加快推进消费信贷管理模式和产品创新、加大对新消费重点领域金融支持、改善优化消费金融发展环境等方面提出了一系列政策措施。

行业在快速发展的同时，风险也同样引起关注。2016年4月，教育部和银监会发布《关于加强校园不良网络借贷风险防范和教育引导工作的通知》（教思政厅函〔2016〕15号，以下简称《通知》）。《通知》要求建立校园不良网络借贷日常监测机制，教育引导学生树立文明、理性、科学的消费观，纠正学生超前消费、过度消费和从众消费等错误消费观念，提倡高校开设金融学、网络安全学等相关公共基础课或选修课，帮助学生增强金融、网络安全防范意识，加大学生资助信贷体系建设力度。

二、互联网消费金融竞争加剧，金融生态圈逐渐形成

我国互联网消费金融市场潜力巨大，在经历近几年的快速发展后，已经吸引众多机构参与角逐，市场竞争加剧。目前，从事互联网消费金融业务的机构大致可以分为四类：网贷平台系、电商系、银行系和产业系。网贷平台系和电商系是互联网消费金融的主要参与方，而银行系和产业系拥有消费金融的合法牌照优势，逐渐成为互联网消费金融重要的参与方。2016年以来，由于网贷平台项目金额受到监管政策的限制，大量网贷平台向消费金融领域转型，已经成为消费金融市场的活跃参与方。

目前，互联网消费金融已形成一个广阔的金融生态圈，而不仅局限于某一特定的金融业态。相较于传统消费金融，互联网消费金融资金来源渠道更加多样化，银行、信托、消费金融公司、小贷公司、P2P平台出借人、ABS等都是互联网消费金融的资金来源。互联网消费金融的服务主体也涵盖银行、消费金融公司、电商平台、P2P平台等跨行业机构。互联网消费金融还涉及获客、风控、征信、信用增信、支付清算、催收等支持体系。因此，互联网消费金融的业务领域涵盖了互联网支付、银行信贷、网络借贷、资产证券化等内容，涉及多业态的交叉，形成一个广阔的金融生态圈（见图6-11）。

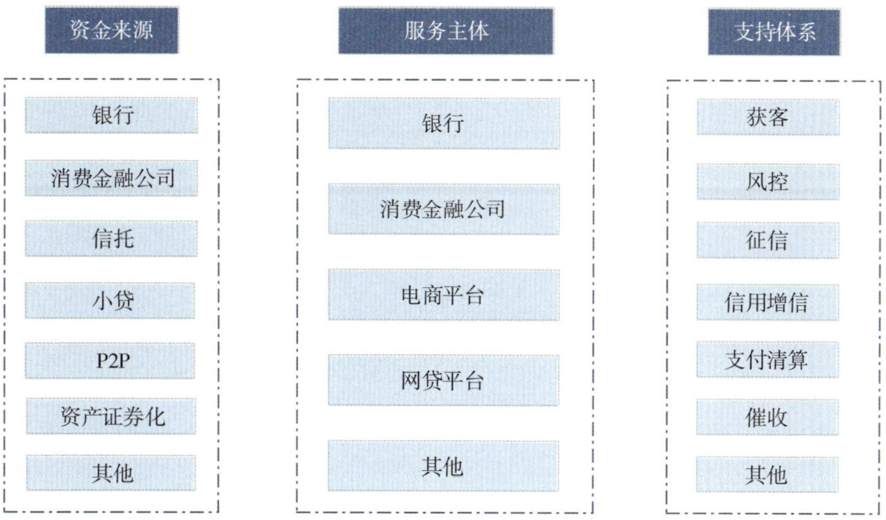

图6-11　互联网消费金融生态圈

专栏　美国Capital One模式

20世纪80年代，美国第一资本银行（Capital One Bank）开始尝试通过获取数据、存储数据、分析数据，普及消费金融，使更多的普通美国人可以获得金融服务。1992年后，Capital One成功实现在大幅提升活跃度的同时，维持比行业平均水平低得多的坏账率。

Capital One的三点经验：重视数据挖掘、重视差异化定价以及差异化精准营销。首先，Capital One以数据驱动业务为理念，因此，数据挖掘是所有策略建立的基础。其次，Capital One采取“边测试边学习”（Test-and-Learn）的数据分析方法。测试不同客群对不同产品的接受度（兴趣度）、NPV（用户贡献的净现值）、坏账率等指标，然后根据实际指标来调整产品策略、营销策略、风控策略。最后，依靠风控模型建立精准营销，不同风险的人群对应不同的产品利率及额度，最大程度吸引各个收入段的用户。

Capital One对于我国互联网消费金融发展有着重要的启示：第一，转变经营理念，由数据驱动业务。为精确把握更多用户和控制风险，策略的优化迭代应该伴随数据实时变化。第二，依靠大量数据建立精准营销。Capital One相较于其他银行最为突出的特点就是依靠大量数据构建的数据模型，开展精准营销。第三，初期可能应对大量困难。在Capital One成立的前4年，坏账率一直高于行业平均水平，随后坏账率逐步下降到行业平均水平以下。只要度过困难期，数据驱动的风控和营销将成为企业发展的有力竞争优势。

第三节　互联网消费金融的主要问题与挑战

一、行业融资门槛仍然较高，融资渠道相对较少

互联网消费金融多采取批量式预授信的形式将资金借出，因此需要庞大的日常运营资金。目前互联网消费金融的融资渠道包括自有资金、银行信贷、P2P和资产证券化等，但是对于非银行系互联网消费金融机构来说，自有资金相对有限，银行信贷和P2P融资成本较高。虽然资产证券化融资成本相对较低，但资产证券化的发行还取决于发起人实力和基础资产质量。互联网消费金融公司实力和基础资产质量良莠不齐，能够成功发行资产证券化产品的只是少数实力较强的互联网消费金融公司，大多数互联网消费金融机构融资渠道较窄，无法形成系统性、多层次的资金来源体系。

二、基础设施有待完善，过度借贷、重复授信等问题突出

商业银行以及与银行合作的消费金融公司线下数据积累时间较长，数据来源丰富，而互联网平台主要利用自身平台积累的用户数据，存在“数据孤岛”和非结构化数据难以处理的问题。

同时，不同互联网消费金融机构之间缺乏有效及时的信用信息共享，过度借贷、重复授信问题突出。由于大多数互联网消费金融的用户都是年轻人，消费观念较先进并且容易受到诱惑，很容易造成过度借贷。一旦借贷者出现资金紧张，很有可能出现“拆东墙补西墙”的恶性循环，最终负债越来越重甚至资金链完全断裂。

三、息费不清，收费透明度不高

大多数互联网消费金融产品均为无抵押、无担保产品，因此坏账率相对较高，为覆盖这部分损失同时又保证利润，大多数公司会制定较高的年利率。受限于36%的法律红线，一些公司又会混淆利息和服务费，收费透明度不高。伴随着高息费，借款人将面临

更高的还款压力。依赖高息费覆盖坏账也从侧面反映出目前互联网消费金融领域的整体风控水平仍有待提高，成熟的互联网消费金融公司会依赖高水平的风控能力而非高息费来保证利润。

四、个人隐私缺乏保护，存在不当催收等问题

部分互联网消费金融机构收集用户行为信息①及金融信息缺少原则和标准，消费者个人信息的知情权、决定权、隐私权都难以得到保障。

与车贷、房贷等传统零售信贷相比，互联网消费信贷具有纯信用、小额分散的特性，可能存在借款人蓄意违约或因经济原因无法清偿债务的情况，而互联网消费金融机构的催收方式将极其有限且成本较高，因此机构一般委托第三方进行欠款催收。但催收行业鱼龙混杂，催收过程中易发生针对借款人及其家庭成员的过激行为，造成恶劣的社会影响。

专栏　互联网消费金融行业的风险传导

经过几十年发展，我国初步建成一个高度统一的金融市场。各种金融资产、各类金融机构和市场参与主体密切相连，相互交织为一个复杂的金融体系。同时，金融资产价格波动相互影响，不同种类金融机构和市场参与主体已基本呈现出一荣俱荣、一损俱损的网络传导效应。作为我国消费金融市场的重要参与主体，互联网消费金融平台或依托其平台产生的消费金融资产发生风险，其风险也将向消费金融行业、合作金融机构进行传导。

目前，国内互联网消费金融公司主要通过三种方式解决其资金来源：1.与银行等传统金融机构合作助贷业务，由传统金融机构直接对其用户放款；2.发行公募或私募证券化产品，在资本市场直接融资；3.与P2P平台合作，实现借款用户直接对接P2P平

① 包括用户购物、浏览、通信、位置、装载应用等信息。

台出借人。

由于消费金融资产小额分散的特征及银行等传统金融机构厌恶风险的特性，互联网消费金融平台通常在这三类业务中充当资产服务机构及外部增信方的角色，对外提供借款人推荐、还款提醒、归集与催收等核心资产管理服务，并视与外部合作方风险分担情况承担一定的逾期回购、差额补足等义务。由于互联网消费金融公司通常为轻资本、高负债经营，多类资金业务并存并行，抗风险能力较差，一旦出现逾期率、坏账率飙升或平台内部发生重大经营问题等情况，可能导致风险迅速传递扩大。市场上目前并无专业针对小微消费金融债权的第三方资产管理机构，传统金融机构、资本市场出借人、P2P平台出借人等均将因此遭受重大损失。

此外，出于资产出表、对外融资等需求，传统金融机构或资本市场出借人一般会将小微消费金融债权或小微消费金融类证券化产品进行二次或多次重组、打包、出售等，比如银行信贷资产证券化及其衍生品、收益权质押融资等。如果底层消费金融债权出现用户大规模逾期或因其他原因导致互联网消费金融公司丧失资产管理与服务能力，极端情况下将可能在我国金融市场诱发类似美国次贷危机式的系统性风险。

第四节　互联网消费金融的发展趋势与展望

一、防范风险将是政策关注点，行业趋于规范化发展

互联网消费金融在快速发展的同时，各种风险也不断显现，“校园贷”、“现金贷”、“美容贷”等成为社会关注的热点问题。具体到微观层面，存在门槛低、机构多、增长猛等客观现象，暴露了过度借贷、重复授信、过高息费、非法催收、侵犯个人隐私等问题，有可能形成金融风险和社会风险隐患。

为促进互联网消费金融规范有序发展，监管与自律将同时加强顶层设计。监管方面，银监会将对涉嫌恶意欺诈、发放高利贷和暴力催收等乱象进行清理整顿，推动从业机构合规发展、审慎经营；行业自律方面，中国互联网金融协会拟出台互联网消费金融信息披露标准，规范催收行为与个人信息使用范围，更好保护金融消费者权益，并通过宣传教育，引导金融消费者理性借贷、合理消费。

二、业务规模持续扩大，行业产业链逐步完善

与发达国家相比，我国当前消费金融的市场规模偏小，行业仍有很大发展空间。从经济形势上看，我国经济进入结构性调整阶段，消费成为经济增长新引擎；从政策环境来看，政府对互联网消费金融发展也是持鼓励扶持态度，这也是互联网消费金融市场得到高速发展的重要因素；从人口结构来看，随着“80后”、“90后”成长为消费市场主流人群，新兴市场不断被企业开拓和深耕，前期被压抑的消费金融需求将大量释放。在以上因素的共同推动下，我国互联网消费金融业务规模将持续扩大。

同时，互联网消费金融行业的产业链将逐步完善。消费金融产业链主要包括资金、风控和资产的提供者，随着业务规模的扩大，行业产业链也将逐步完善。互联网消费金融参与主体将更加多样化、复杂化，持牌金融机构、网络信息中介、电商平台和其他网贷辅助企业都将参与其中。互联网消费金融的资金来源和服务场景也将会更加多样化和

综合化。

三、行业基础设施进一步完善

基础设施的建设是促进行业健康发展的重要手段。针对由于“信息孤岛”而造成的重复授信等问题，中国互联网金融协会组织建设并开通了“互联网金融行业信用信息共享平台”。未来，随着信用信息共享规模的进一步扩大，与信用信息基础数据库形成有效补充，有效帮助消费金融公司精准获客、降低风险，解决重复授信等问题。

同时，中国互联网金融协会组织制定的全国首部互联网消费金融信息披露标准即将出台，互联网金融信息披露平台也即将上线，将督促机构落实信息披露行业自律标准，同时向公众提供查询服务。

四、互联网消费金融领域的科技应用将更为普遍

对于互联网消费金融行业来说，提升金融服务效率、降低成本、提高利润的关键在于技术创新和技术输出。复杂多样的消费金融场景对技术提出较高要求，以大数据、人工智能为代表的科技提高了消费金融公司的获客与风控能力，也重塑了整个互联网消费金融行业的风险管理系统和营销体系，打造了全新的互联网消费金融生态环境。随着互联网金融的发展，金融科技已成为新兴平台与传统金融机构差异化竞争的关键，未来消费金融以技术驱动的特征将会愈发明显，对大数据、人工智能、智能设备等新技术的应用将越来越普遍。

第七章
互联网直销银行

- 2016年互联网直销银行发展情况
- 互联网直销银行的发展环境
- 互联网直销银行的主要问题与挑战
- 互联网直销银行的发展趋势与展望

2016年，我国互联网直销银行继续保持了快速发展态势，特别是在机构数量、产品品种、客户数量、业务规模等方面增长迅速。同时，行业相关监管政策有序推进，子公司制改革试点呼之欲出，互联网直销银行的发展空间进一步打开。尽管目前互联网直销银行在运营机制、客户体验、产品服务和风险控制等方面还存在一些问题，但作为新的金融业态，在金融科技的持续推动下，互联网直销银行未来将在探索、调整和创新中继续发展壮大。

第一节　2016年互联网直销银行发展情况

本文选取12家具有代表性的互联网直销银行①作为行业分析样本（以下简称12家样本银行），通过分析样本银行的发展情况来把握我国互联网直销银行的现状和发展趋势。

一、逾八成互联网直销银行发起行为城商行和农商行，注册用户和活跃用户平稳增长

据统计，截至2016年末，国内69家传统商业银行设立了互联网直销银行（不含微众银行和网商银行），逾八成互联网直销银行发起行为城商行和农商行，尚无外资行发起直销银行。目前，国有大型商业银行中仅工商银行推出了互联网直销银行“融e行”，全国性股份制银行中华夏银行、兴业银行、民生银行、广发银行等10余家推出了互联网直销银行，城商行和农商行推出互联网直销银行的超过56家，部分银行还创立了自己的互联网直销银行品牌。由于互联网直销银行的业务活动主要依赖互联网等电子渠道，不受实体网点的时间和地域限制，因此成为城商行和农商行等受地域限制较大的中小银行的互联网端获客渠道（见图7-1）。

① 选取的12家互联网直销银行（或发起行）包括北京银行、北京农商行、广发银行、华夏银行、江南农商行、兰州银行、民生银行、南京银行、兴业银行、珠海华润银行、微众银行、宁波银行。

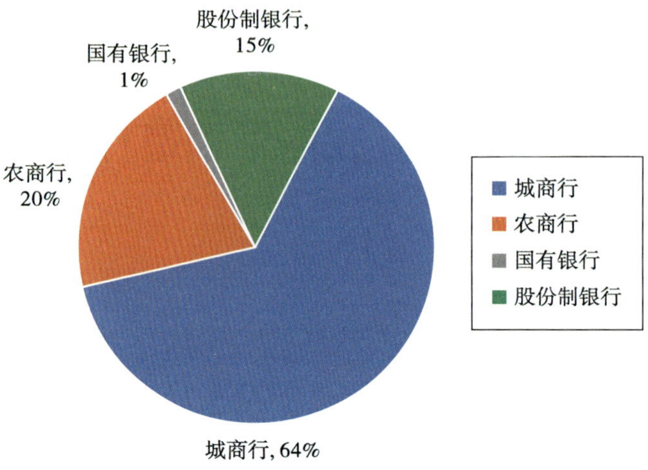

数据来源：根据公开资料整理。

图7-1　2016年末全国互联网直销银行按发起行性质分布

2016年，12家样本银行的注册用户从1月的1 310万人上升到12月的3 357万人，年末较年初增长156%，平均月增注册用户186万人；活跃用户①从1月的512万人上升到12月的1 228万人，年末较年初增长了140%，平均月增活跃用户65万人（见图7-2），反映出互联网直销银行的受关注度持续提高。

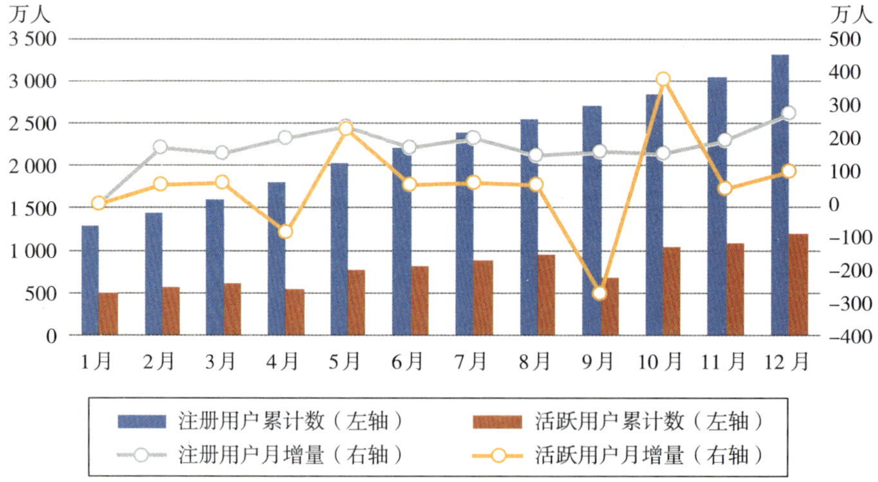

数据来源：中国互联网金融协会。

图7-2　2016年样本银行注册用户数和活跃用户数

① 成功注册互联网直销银行并开通了电子账户后，实际购买过产品的用户被定义为活跃用户。本文中样本银行的活跃用户数据不含广发银行。

二、互联网直销银行定期/类定期存款增长迅猛，活期/类活期存款呈季节性波动[①]

2016年，12家样本银行的定期/类定期存款总体呈稳步增长态势，除4月和7月分别减少6.9亿元和18.7亿元外，各月的定期/类定期存款均有不同程度增加，月末余额从1月末的88.2亿元增加到12月末的232.5亿元，全年12家样本银行的定期/类定期存款的平均月末余额为155.5亿元；受传统银行活期存款季节性因素影响，12家样本银行的活期/类活期存款呈季初增加，季末减少的趋势，互联网直销银行与传统银行在活期存款上体现出季节性的互补趋势，表明社会公众对互联网直销银行提供的投资理财功能认可度不断提高，全年12家样本银行的活期/类活期存款平均月末余额为358.4亿元（见图7-3）。

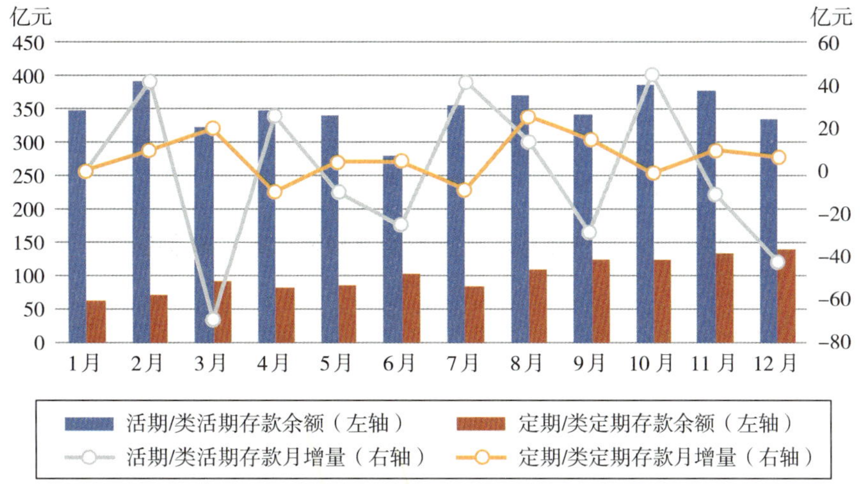

数据来源：中国互联网金融协会。

图7-3 2016年样本银行存款/类存款余额及月增量

三、股票类理财产品余额增速与股指走势有较强正相关性

2016年，12家样本银行中仅珠海华润直销银行和微众银行销售股票类理财产品。2016年末，2家样本银行的股票类理财产品余额为18.5亿元，全年各月末的平均余额为

① 本文将用户在互联网直销银行购买货币基金类可实时支取产品视作类活期存款，将购买其他约定持有时间的理财产品视作类定期存款。

15.7亿元。从股指来看，2016年我国股指总体呈先降后升态势，上半年股指波动较大，下半年股指稳中有升。受此影响，2家样本银行股票类理财产品在2-5月份的余额月均环比增速为7.2%；7-12月随着股指的稳步回升，2家样本银行股票类理财产品的月均环比增速为8.6%（见图7-4）。

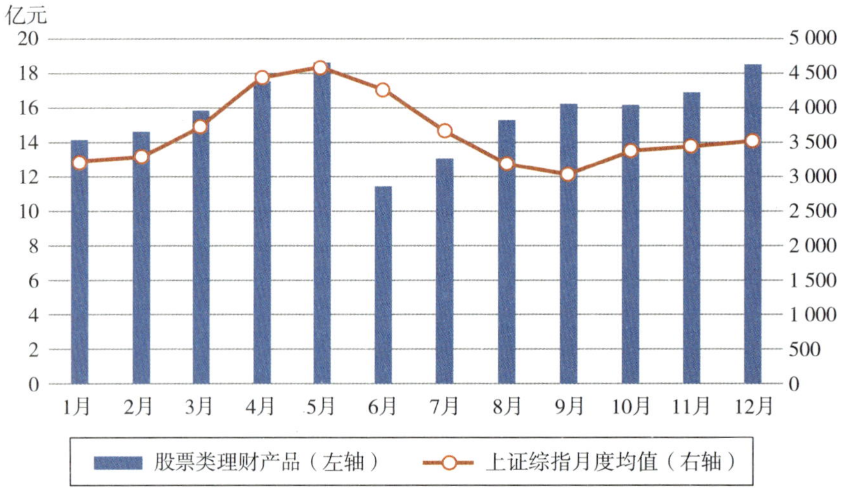

数据来源：中国互联网金融协会。

图7-4　2016年样本银行股票类理财产品月末余额

第二节　互联网直销银行的发展环境

一、行业监管政策有序推进

为积极推进账户改革，中国人民银行在《关于改进个人银行账户服务 加强账户管理的通知》（银发〔2015〕392号）基础上，于2016年9月发布《关于加强支付结算管理 防范电信网络新型违法犯罪有关事项的通知》（银发〔2016〕261号），进一步加强账户管理和支付结算管理，有利于规范互联网直销银行的发展。另外，银监会也鼓励商业银行以子公司制探索互联网直销银行模式，在2016年1月召开的全国银行业监督管理工作会议上，银监会指导条件成熟的银行对互联网直销银行等业务板块进行牌照管理和子公司改革试点，并批复了百信银行的筹建，为互联网直销银行的发展进一步打开空间。

需注意的是，目前针对互联网直销银行的法律法规仍有待完善，在准入门槛、运营方式、个人身份验证、电子合同有效性、风险管控要求等行业细则方面，仍沿用对传统银行的管理要求。

二、金融科技为互联网直销银行提供技术支撑

充分利用现代信息技术和通信技术，在为客户提供高效便捷的金融产品的同时，不断降低投资、运营和管理成本，是互联网直销银行发展的重要推动力。近年来，随着大数据、云计算、生物识别、人工智能等一系列技术创新出现并与金融产业深度融合，促进了金融科技不断进步，为金融业务模式、产品和流程的创新创造了条件，由此带来了金融产品供给、营销推广、客户服务、风险控制等的“智能化、个性化、自动化”变革，有效降低了金融服务的边际成本。从我国的情况看，大型互联网企业和银行积极推进金融科技的研发和应用，金融科技规模已经处于世界前列，为国内互联网直销银行的发展创造了良好的技术环境。

专栏　四川新网银行

四川新网银行股份有限公司成立于2016年12月28日，是由新希望集团有限公司、四川银米科技有限责任公司和成都红旗连锁股份有限公司等民营企业共同发起设立的四川首家民营银行、全国第三家互联网银行，注册资本30亿元人民币，总部位于成都市高新区。

四川新网银行是继微众、网商之后第三家获银监会批准可突破贷款“面签”，实行全线上信贷业务展业的银行。目前，四川新网银行已基于移动互联网开发上线全在线办理、秒申秒用、随借随还的云授信产品“好人贷”，以及解决小微企业融资难的“互联网+”科创金融产品“创客贷”等，努力为长尾客群和小微企业等提供安全、便捷和高效的金融服务。

专栏　包商银行直销银行

包商银行直销银行——有氧金融，于2015年8月28日正式上线，“无卡、无网点、无现金业务”为特色，致力于建设“互联网上的商业银行”。将“散户、零钱、碎片化的生活或生意”作为主要经营对象，把“数字化、移动化、深度场景化”作为主要发展方向。

目前，有氧金融上线的产品包括存款、理财和贷款产品。存款产品方面，“氧气账户”属于Ⅱ类账户，并自动签约智能储蓄服务；“氧乐存”系列提供3个月到1年期的定期储蓄产品；“有氧668”为2年期定期储蓄产品。理财产品方面，有氧金融平台代销三款基金产品，包括货币基金产品“氧气宝”，以及债券型基金产品“月月盈”和“双月盈”。贷款产品方面，“氧乐贷”是纯线上小额消费贷款产品，可较快完成线上申请和放款。

第三节 互联网直销银行的主要问题与挑战

一、大部分互联网直销银行尚未建立独立的运营机制

大多数传统银行的直销银行隶属于电子银行部或个人金融部，无法实现独立运营和独立核算，使其成本收入核算与传统银行混为一体，不仅难以体现成本优势，无法实现有效激励，也使互联网直销银行和发起行在客户资源、开发资源等方面形成不必要的内部竞争，而且难以跳出传统银行的发展模式和经营理念，真正构建起适合自身发展的战略定位和独特品牌，有的甚至退变为发起行的第二个电子银行或手机银行。这种情况下，部分银行通过组建直销银行事业部的方式，尝试增强直销银行的独立性，但仍难以从根本上解决上述问题。

二、普通民众接受程度仍然偏低，用户体验有待提高

自2013年9月国内第一家互联网直销银行——北京银行直销银行设立至2016年末，三年多的时间里，有近70家互联网直销银行上线运行。但在不断设立的同时，普通民众对其接受程度却不高，大部分民众对互联网直销银行缺乏认识。其中有两方面原因，一方面是对互联网直销银行不了解，民众对其安全性存在担忧，另一方面是由于互联网直销银行产品设计相对薄弱，用户体验不佳，增加了客户接受难度。

三、互联网直销银行产品和服务同质化严重

互联网直销银行在业务模式、产品设计、渠道推广等方面同质化较严重，持续创新能力仍有待加强。一是现有金融产品集中在存贷款、理财、货币基金、转账汇款等几类，其中存款、理财和货币基金是三大主流产品，但同质化严重，受监管规则约束的核心信贷产品比较欠缺。二是现有金融产品没有体现出与其他渠道产品的差异性。部分互联网直销银行直接将其发起行的线下产品搬到线上销售，或是其线上产品与发起行的电

子银行、手机银行产品高度重合，成为传统银行业务的线上化，或是电子银行、手机银行产品的辅助销售渠道，没有体现出互联网直销银行的产品特色，难以发挥出其自身优势。

四、互联网直销银行的风控能力有待完善

互联网直销银行依托互联网平台开展业务，除了传统银行面临的信用风险、流动性风险等之外，还具有其独特的风险特征。比如，在电子账户开立环节，现有的远程客户身份验证手段很难达到柜面开户的风控水平，容易发生欺诈风险；在交易验证环节，部分互联网直销银行的安全控制手段不够完善，给了不法分子可乘之机；在客户信息保护方面，互联网的开放性使系统容易受到外部攻击造成信息泄露，给互联网直销银行带来法律风险和声誉风险。

互联网直销银行风险的独特性要求其风险管理策略和方式应加以调整和创新。从目前情况看，国内的互联网直销银行仍有很大改进空间。

第四节 互联网直销银行的发展趋势与展望

一、部分互联网直销银行走向独立法人化

国内目前有4家独立法人的互联网直销银行（含互联网民营银行）[①]，据统计，目前有超过20家机构在申请独立法人直销银行牌照，申请主体以股份制银行和城商行为主。法人化的互联网直销银行具有体制和机制方面的优势，在展业方面遵循的监管规则也有所不同，比如可以开展纯线上信贷业务，相对于其他形式的互联网直销银行具有更大的发展潜力。除了独立法人化外，传统银行的直销银行事业部通过子公司制改革实现法人化也是一种可行的模式。未来国内互联网直销银行的法人化或将成为一种趋势。

二、互联网直销银行将呈差异化竞争态势

模糊的客户定位和同质化的产品使现阶段互联网直销银行无法鲜明地展现自身特色，也削弱了其竞争力。未来伴随独立性的进一步增强，更多的互联网直销银行将跳出传统银行的思维模式和对发起行的依赖，制订符合自身特点的发展战略和经营模式，更加精准地定位目标客户、产品优势和品牌体系，打造更多更具特色的金融产品，从而实现差异化竞争。

三、互联网直销银行加速向移动化转型

智能手机等移动终端具有更强的交互能力和客户黏性，利用智能手机和移动互联网，可以让金融服务触手可及、随时随地可得。互联网直销银行也将加速向移动化转型，充分利用社交网络、位置服务、生物识别等新的技术手段，建立更密切的客户关系。

---

① 微众银行、网商银行、新网银行、百信银行。

第八章
互联网证券

- 2016年互联网证券发展情况
- 互联网证券的发展环境
- 互联网证券的主要问题与挑战
- 互联网证券的发展趋势与展望

2016年，我国资本市场经历了大幅震荡，证券交易市场的活跃程度仍然在低位徘徊，传统证券经纪业务收入大幅下滑。在此背景下，互联网证券机构进一步深化互联网思维，积极创新服务手段和服务方式，在做好传统证券经纪业务之外，逐步加大技术研发力度，谋划布局，寻求差异化发展道路。

目前，互联网证券仍以传统经纪业务为主，还未培育出新的利润增长点，行业还存在周期性问题，部分机构的风险防范与合规意识也有待加强。随着我国对互联网金融风险专项整治力度的不断加大，互联网证券行业的深层次风险与合规问题将会不断暴露，行业在向互联网应用深化发展的过程必须遵循监管要求，确保互联网证券行业规范有序发展。

第一节　2016年互联网证券发展情况

本文选取11家具有代表性的证券公司①（以下简称11家样本公司），汇总其互联网证券相关业务数据进行分析，以把握互联网证券业务发展的总体特点和未来趋势。

一、网上开户数和移动端开户数增幅大幅回落

2016年，11家样本公司网上开户数1 272万户，较上年增加319万户，同比增长33.4%，2015年同比增速为940%；移动端开户数1 593万户，较上年增加311万户，同比增长24.3%，2015年同比增速为1 500%。2016年，证券公司网上开户数和移动端开户数增速均大幅回落，主要原因是股市未出现火爆行情，房产投资、理财等资产管理和配置形式进一步多样化，证券投资对新客户的吸引力有所下降（见图8-1）。

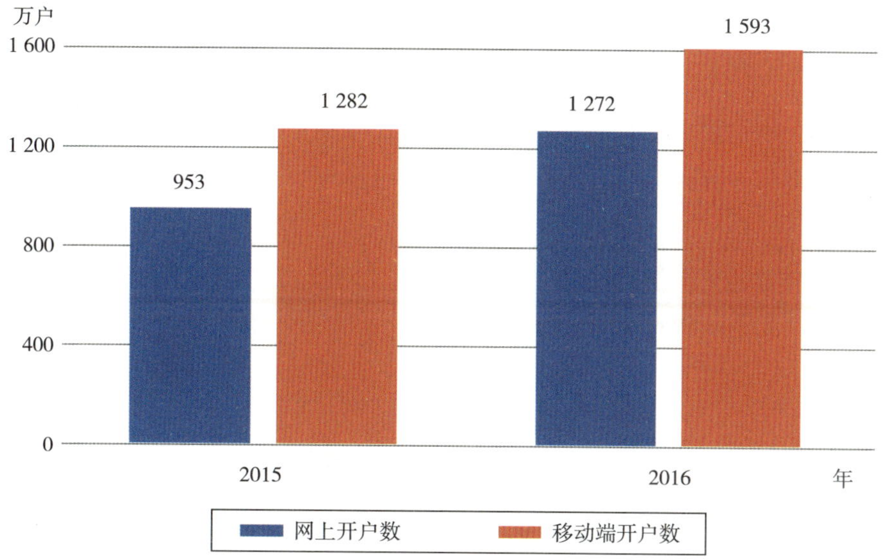

数据来源：中国互联网金融协会。

图8-1　样本公司网上开户数和移动端开户数增幅情况

① 选取的证券公司包括招商证券、平安证券、中投证券、国金证券、申万宏源证券、安信证券、东方证券、东北证券、西南证券、长城证券、广发证券。

二、移动端交易额占网上交易额的三成，占比有所上升

2016年，11家样本公司网上交易金额61万亿元，较上年减少39万亿元，同比下降39.2%。其中，移动端交易金额19万亿元，较上年减少7万亿元，同比下降27%；移动端交易金额占网上交易总额的30.9%，较上年提高5个百分点（见图8-2，图8-3）。全年网上交易金额虽然降幅较大，但通过移动端交易的比例有所提高，证券客户对移动端交易的接受度进一步加强。

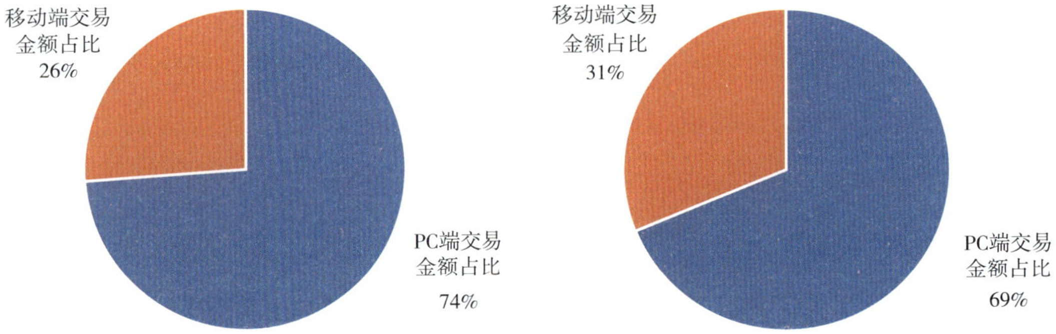

数据来源：中国互联网金融协会。

图 8-2　2015年（左图）和2016年（右图）互联网证券交易金额占比图

三、在线股权质押贷款规模大幅上升

在线股权质押贷款是证券投资用户通过互联网渠道，以二级市场流通股票作为质押，向证券公司申请的在线融资服务，融资用途需合法合规。2016年，11家样本公司在线股权质押贷款余额374亿元，较上年增加118亿元，同比增长45.9%（见图8-3）。我国股市在经历了大幅震荡后，证券交易的活跃程度仍然在低位徘徊，证券公司证券经纪收入大幅萎缩，从11家样本公司证券经纪收入来看，2016年证券经纪业务收入388亿元，同比减少52.4%，为寻求新的利润增长点，各家券商开始在传统经纪业务之外提供更多元化的增值服务，在线股权质押贷款业务有望在未来获得更大突破。

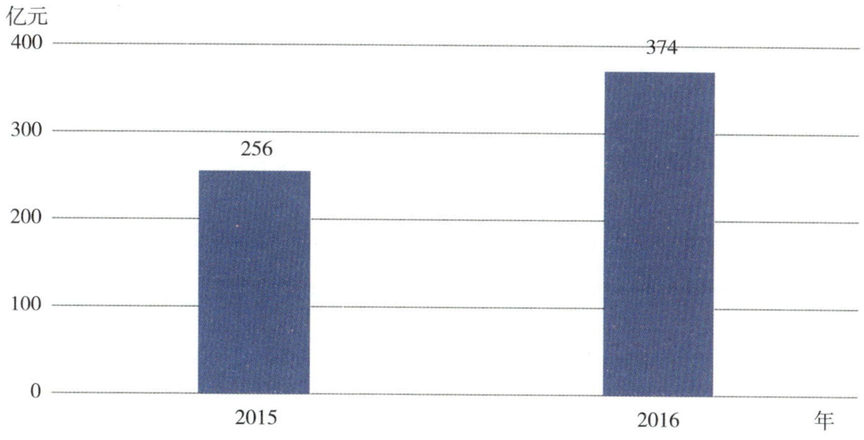

数据来源：中国互联网金融协会。

图8–3 样本公司在线股权质押贷款情况

四、平台理财产品销售规模上升，其中代销理财产品规模增长明显

互联网券商平台理财产品主要是指证券公司通过互联网渠道销售的理财产品，除证券公司自身发行的资管计划、收益凭证等产品外，也包括代销银行理财等产品。2016年，11家样本公司网上销售互联网理财产品金额3 846亿元，较上年增加472亿元，同比增长14.1%，其中销售本公司发行的理财产品3 320亿元，较上年增加48亿元，同比增长1.5%；代销其他金融机构的理财产品525亿元，较上年增加425亿元，同比增长421%，代销理财产品规模增长明显（见图8-4）。

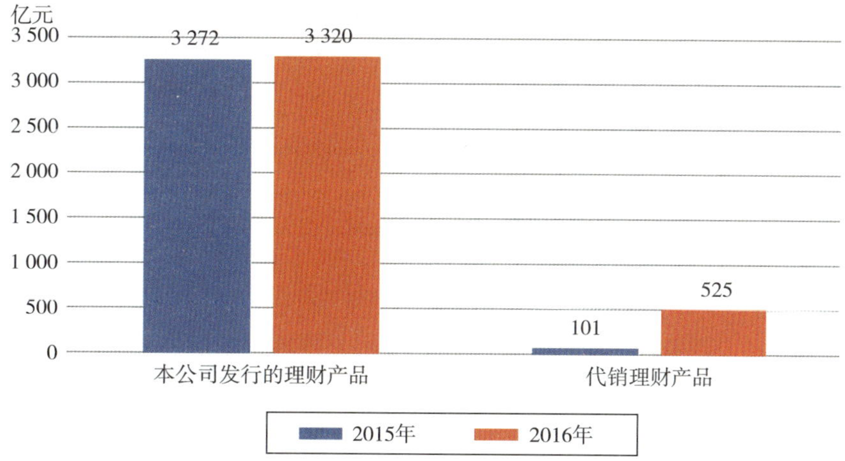

数据来源：中国互联网金融协会。

图8–4 样本公司网上销售的理财产品来源情况

五、平台销售的理财产品以中低风险等级为主，高风险等级产品规模和投资人数增幅明显

2016年，11家样本公司通过互联网渠道销售的理财产品的投资人数为44.7万人，较上年增加23.6万人，同比增长111.8%，其中：追求稳定收益的中低风险偏好投资人数为41.3万人，占全部投资人数的92%，较上年增加20.9万人；追求高收益的高风险偏好投资人数为3.5万人，较上年增加2.8万人（见图8-5）。2016年，11家样本公司通过互联网渠道销售的中低风险等级理财产品金额为3 476.8亿元，占全部互联网渠道销售的理财产品金额的90.4%，较上年增加178.5亿元；高风险等级的理财产品金额为368.9亿元，较上年增加293.9亿元（见图8-6）。

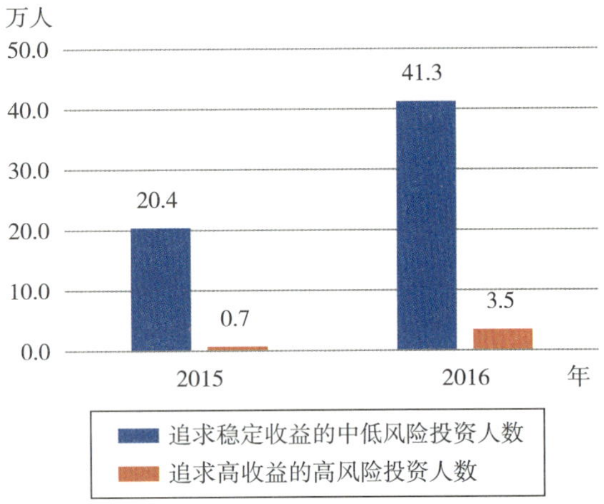

数据来源：中国互联网金融协会。

图 8-5 样本公司投资人风险偏好情况

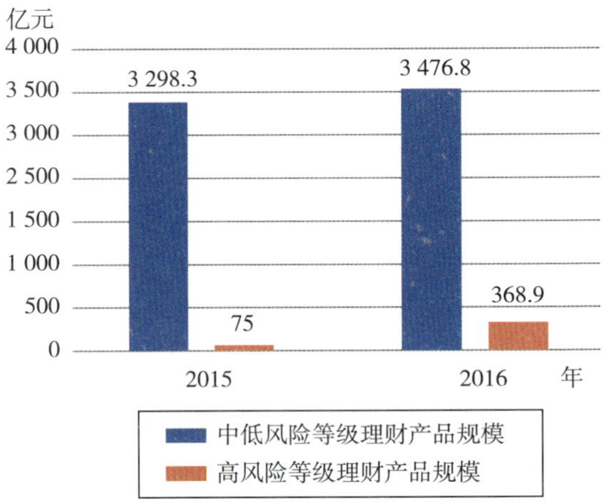

数据来源：中国互联网金融协会。

图8-6 样本公司通过互联网销售的理财产品风险等级情况

第二节　互联网证券的发展环境

一、行业监管政策环境趋严

由于互联网证券业务领域创新较快，在激烈的市场竞争当中，少数从业机构风险防范和合规意识不足，部分机构的互联网证券创新业务被仓促推向市场，对潜在的风险隐患和投资者权益保护问题未能充分研究，损害了广大投资者利益。2016年，互联网金融风险专项整治工作深入开展，有关整治方案要求，未经相关部门批准，不得将私募发行的多类金融产品通过打包、拆分等形式向公众销售。销售金融产品应严格执行投资者适当性制度标准，披露信息和提示风险，不得将产品销售给不具备风险承受能力的客户。互联网证券行业在资产配置、财富管理、账户管理等领域深化发展的过程中必须遵循监管要求，避免业态创新发展偏离正确方向，确保互联网证券行业规范有序发展。

二、以人工智能、区块链为代表的金融科技应用更为深入

2016年，互联网证券机构深入应用大数据、云计算、人工智能、区块链等金融科技手段，在海量规模数据的整合分析、交易策略、量化管理、智能投顾、资产管理等领域进行了有益地探索和创新，进一步提升产品附加值和客户黏性，并取得了一定成果和市场效益。部分证券公司、互联网公司已提前布局人工智能、区块链等技术领域，高度重视自主研发能力，通过注册成立全资子公司或出资入股等方式，建立金融科技研发团队，专注于金融科技的研发，通过持续大量的研发投入，继续巩固已有的技术优势，从而在今后的市场竞争当中取得先发优势。

专栏　东吴证券构建全价值链综合金融体系

2016年初，东吴证券确定“科技改变金融”战略方向后，其在国内率先成立的券商系金融科技公司——东吴在线加大金融科技研发投入，围绕资管交易平台、场内柜台业务、场外衍生品、人工智能和区块链等领域进行技术布局。公司内部专门成立创新小组，研发基于算法、大数据、知识图谱等底层技术的智能投顾相关工具和产品，通过对历史数据和实时热点抓取，利用知识图谱进行机器学习。普通投资人可以利用该平台产品进行实时行情的分析，专业的机构投资顾问也可以通过平台的内部发布体系，将平台生成的大数据分析结果进行社区推广。目前东吴在线除了在智能投顾、人工智能方面布局和推进外，区块链也一直是其重要技术方向，2016年11月份，东吴在线与赢时胜共同出资设立链石公司，组建专业团队开展金融场景的应用落地探索和研究。

第三节　互联网证券的主要问题与挑战

一、互联网证券仍以传统证券经纪业务为主

2016年，证券经纪业务仍是证券公司在互联网证券业务中的核心和主要收入来源，而在专业化程度高、发展潜力大的资管业务、投资顾问业务等服务领域尚未培育新的利润增长点。一是投资顾问业务服务内容同质化，多以推荐个股为主，辅以标准化的咨询产品，未真正形成有吸引力的金融产品。二是国内投资用户对投资顾问服务尚未养成付费习惯，短期内难以大规模被投资者接受。三是金融科技开发投资成本较高，投资周期较长，导致互联网证券的大部分从业机构在资管、投顾等领域投入较少，相关业务仍未形成规模。

二、证券行业存在明显的周期性发展规律

证券行业存在明显的周期性发展规律，牛市、熊市的转换对于用户的活跃度影响非常大。此外，相较于网络借贷、互联网基金销售和互联网理财等领域，证券行业存在更大的不确定性，其业务本身的高风险性会对投资人的投资意愿影响较大，在熊市环境当中，互联网证券行业拓展新的用户困难更大，存量用户的交易活跃度也会大幅下降。证券业较强的周期性导致互联网证券业务的发展也存在周期性发展规律，导致互联网证券机构的业绩稳定性不足，尤其对中小互联网证券机构影响较大。

三、部分机构风险防范与合规意识有待加强

部分证券公司在市场化发展过程中过于重视短期利益，忽视了风险与合规问题。《证券法》明确规定，未经证监会批准，任何单位和个人不得经营证券业务。《证券公司监督管理条例》规定，境外证券经营机构在境内经营证券业务，应当经国务院证券监督管理机构批准。除合格境内机构投资者（QDII）、“沪港通”机制外，证监会未批准

任何境内外机构开展为境内投资者参与境外证券交易提供服务的业务。但部分证券公司仍与境外证券经营机构合作，通过自身网络平台或移动客户端为境内投资者投资境外证券市场提供交易渠道和服务。2016年7月，证监会打击非法证券期货活动，对违规开展证券业务的几家互联网公司进行了风险警示。随着互联网金融风险专项整治力度的不断加大，互联网证券行业深层次的风险与合规问题将会不断暴露，这更要求从业机构和从业人员牢固树立风险防范与合规意识，在开展业务及创新发展过程当中坚持依法合规、审慎经营的基本准则。

第四节　互联网证券的发展趋势与展望

一、传统券商在未来互联网证券竞争格局中仍然占据主导地位

在互联网证券业务发展过程当中，证券公司借助互联网思维在客户服务、交易体验方面给证券行业带来新的经营理念和运营模式，但证券业务本质没有发生变化，专业能力仍然是传统券商的重要优势。财富管理、投行业务、交易投资、场外市场、资产托管等业务的开展仍然遵循传统业务模式，短期内还无法被互联网替代。高度专业化、定制化、组合性的金融服务，还必须依靠线下专业团队实施和完成。

由于监管部门在风险管理、合规经营方面设置了较高的准入门槛，互联网企业直接获取证券经营牌照的难度较大，影响其进一步拓展自身业务经营范围。部分互联网企业通过入股、并购方式间接获得证券经营牌照，希望在服务入口端和资产管理端实现业务链条整合。目前，除部分已上市互联网公司之外，行业内仍缺乏“独角兽”级别的互联网证券机构，在未来一段时间内，传统券商在互联网证券行业的竞争中仍将占据主导地位。

二、互联网证券行业将呈现差异化的市场定位

多数互联网证券机构停留在行业早期的价格竞争阶段，产品同质化严重，缺乏个性化服务。随着行业竞争加剧，各大机构基于自身特点，寻求差异化竞争将是未来互联网证券发展的主要方向。

对于金融牌照齐全、实力雄厚的大型综合券商可能向全能财富型方向发展，为高净值人群提供综合财富管理服务。其金融产品种类丰富齐全，可覆盖高中低风险产品，并通过线上线下提供综合型的投资顾问服务和面对面金融理财服务。对于中小券商，受制于金融牌照及自身实力限制，可能向大众理财型方向发展，为广大中小投资人群提供线上经纪及收益稳健的中低风险理财产品服务；对于非传统券商的互联网公司及外围信息

服务商，可能向通道服务型方向发展，围绕经纪业务优化产品体验，以提供行业资讯、社区交流等服务手段提高流量导入，为投资人提供更便捷的服务。

三、金融科技仍是互联网证券创新发展的主要驱动力量

当前，互联网证券行业主要围绕证券经纪业务，在社区化、社交化、场景化等方面增强用户体验，提高用户黏性，通过移动客户端整合证券投资、投资理财等服务功能，提高证券二级市场投资交易量获得价值回报。随着投资人群日益深化的证券投资需求，公众更希望券商在财富管理、投资决策等方面提供更有价值的金融服务，对于互联网证券行业来说，面向财富管理和全能型投资银行业务将是未来的利润增长点。

从金融科技的具体应用场景看，智能投顾的发展在投资管理领域将为投资人优化资产管理配置，提高绝对收益和收益稳定性；区块链技术可对证券账户、资金进行穿透式赋权，遏制不同账户、资管产品通过嵌套投资来进行监管套利的活动，且其不可任意篡改和改正留痕的特点，可以降低上市公司对财务信息的粉饰和造假的概率；人工智能（AI）在机器学习、自然语言处理（NLP）及知识图谱方面的进步，将从面向证券价格、行情等结构化数据处理转向非结构化文本信息的处理，这在上市公司公告、上市后持续的信息披露方面将得到广泛的应用。

随着基础技术的进步，海量用户数据和行业信息的整合分析能力提升，云计算、人工智能、区块链等金融科技将越发成熟，成为进一步推动券商业务模式创新的主要驱动力量。

第九章
互联网股权融资

- 2016年互联网股权融资发展情况
- 互联网股权融资的发展环境
- 互联网股权融资的主要问题与挑战
- 互联网股权融资的发展趋势与展望

我国互联网股权融资行业经过2014年和2015年的快速发展以后，2016年上半年仍保持平稳发展势头，下半年随着监管趋严，平台风险暴露增加和平台自身风控加强，股权融资出现大幅萎缩趋势。

目前，我国互联网股权融资相关法律法规仍不明朗，但从2016年以来国家出台的股权众筹相关政策来看，国家既鼓励支持互联网股权融资的发展，又对股权融资领域的非法集资、欺诈等违法违规行为持严厉打击态度。由于互联网股权融资在供给侧结构性改革、“双创”和中小企业融资方面能够发挥积极作用，随着行业监管自律的加强和相关法律法规的逐步出台，未来该行业将呈现规范发展趋势，发展潜力较大。

第一节　2016年互联网股权融资发展情况

一、行业发展整体不景气，近两成平台下线或转型

2016年，我国互联网非公开股权融资市场受互联网金融风险专项整治、股权投资市场不景气、政策不明朗和股权融资平台自身风控加强等多重因素影响，行业发展总体低迷，部分股权融资平台下线或转型。

据统计[①]，截至2016年末，全国互联网非公开股权融资（以下简称股权融资）平台共145家，其中，正常运营的股权融资平台118家，平台下线或业务下架的平台26家，转型的平台1家，平台下线和转型的家数占全部股权融资平台家数的18.6%。2016年，全国股权融资平台新增项目3 268个，较上年减少4 264个，同比下降56.6%。平台下线和转型的家数较多，新增项目大幅减少，表明股权融资行业整体不景气。全年新增项目成功融资52.98亿元，较上年增加1.08亿元，同比增长2.1%；新增项目投资人次为5.8万人次[②]，较上年减少4.5万人次，同比下降43.6%；单个项目的平均融资额为162万元，较上年增长135.1%。虽然2016年的股权融资新增项目数和投资人次大幅减少，但由于单个项目的融资额提高较多，新增项目融资仍保持低位增长。

二、上半年互联网股权融资总体呈上升趋势，下半年大幅萎缩

从2016年各月股权融资的增长情况看，上半年股权融资的新增投资人次和成功融资额均呈上升趋势，下半年受监管政策趋严和部分规模较大的股权融资平台风险暴露、平台自身风控加强等多重因素的影响，股权融资的投资人次和融资规模均出现大幅萎缩。

2016年上半年，全国股权投资月均约6 783人次，分别为下半年和全年的月均投资人次的2.41倍和1.41倍（见图9-1）；全国股权融资新增项目的月均融资额约6.01亿元，分别

① 数据来源：盈灿咨询。

② 新增项目投资人次未做去重处理。

为下半年和全年月均融资额的2.13倍和1.36倍（见图9-2）。

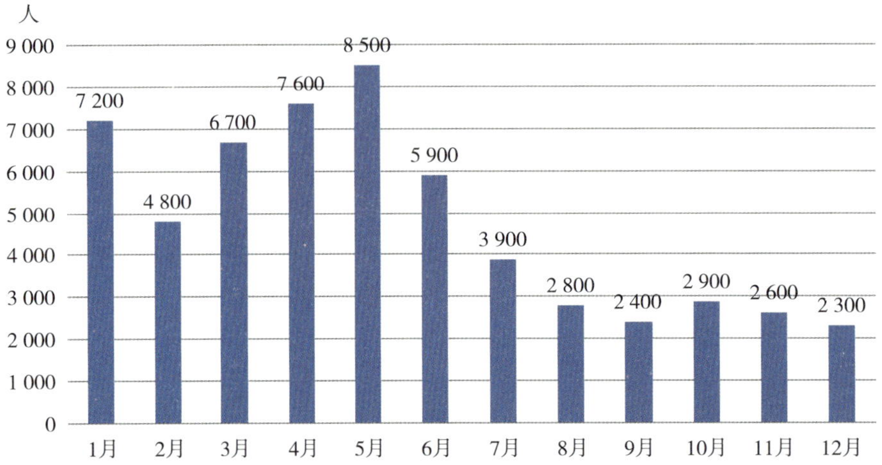

资料来源：中国互联网金融协会整理。

图9-1　2016年各月全国互联网股权融资的投资人次

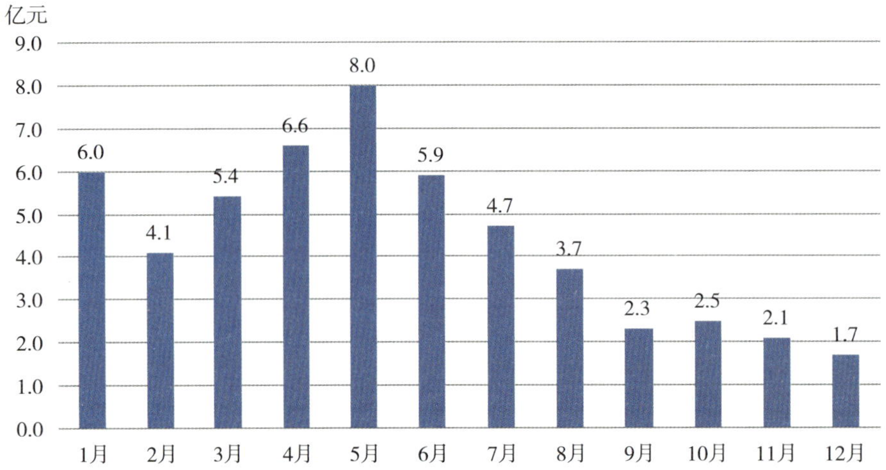

资料来源：中国互联网金融协会整理。

图9-2　2016年各月互联网股权融资新增项目成功融资额

三、互联网股权融资的单个项目融资额较高，项目成功率较低

2016年，互联网非公开股权融资、权益型众筹、物权型众筹和公益型众筹项目的单个项目的实际融资额（成功项目实际融资额/成功项目数）依次为162万元、46万元、37.9万元和8.3万元，其中，非公开股权融资单个项目的实际融资额是全部类型众筹平台的3.6

倍。物权型众筹、公益型众筹、股权融资和权益型众筹平台的项目融资完成率[①]依次为99.8%、81.8%、67.6%和65.3%，股权融资平台的项目融资完成率较全部众筹平台低15个百分点。由于股权融资平台对投资人设置较高门槛，部分平台对跟投人的年收入、职业或职位提出了较高要求，加上股权融资类项目的回报周期较长，监管政策不明朗，导致投资者的参与度不高，项目融资完成率较低。

四、互联网股权融资的市场集中度较高

2016年，融资规模居前15位股权融资平台的融资额合计为32.03亿元，占全国股权融资总额的60.5%，也即占全国股权融资平台家数12.7%的平台（融资规模前15位的平台）占据了逾六成的股权融资市场份额。融资规模居前5位股权融资平台的融资额合计为15.3亿元，占全国股权融资额的29.0%。2016年下半年，股权融资市场的监管趋严和部分平台风险事件接连暴露，导致部分较大平台的股权融资项目数和融资额大幅减少。

五、互联网股权融资的项目行业分布较为集中

本文选取32家具有代表性的互联网非公开股权融资平台[②]（以下简称32家样本平台）作为样本，并对样本平台项目的行业分布进行汇总分析，以此反映我国股权融资项目的总体行业分布结构。

从项目的融资额来看，截至2016年底，32家样本平台的项目累计成功融资额在5亿元以上的行业及累计融资额[③]依次为文化娱乐（7亿元）、互联网金融（7亿元）、企业级服务（6.8亿元）、先进制造业（6.8亿元）和大健康（5亿元），以上5个行业的累计融资额为32.6亿元，占32家样本平台累计融资额的45.7%。累计成功融资额在3-5亿元之间的行业及累计融资额依次为生活服务（4.4亿元）、智能硬件（4.3亿元）、汽车服务（4.2亿元）和电商（3.5亿元）；1-3亿元之间的行业及累计融资依次为餐饮（2.9亿元）、教育（2.9亿元）、游戏（2.3亿元）和社交（2亿元）。社区服务、生物科技、物流服务和

① 项目融资完成率=成功项目实际融资额/成功项目预期融资额。

② 众投邦、云投汇、投壶网和天使街等32家机构。

③ 指平台自开业起至2016年末的累计融资额。

房屋中介等其他行业的累计融资额均在1亿元以下（见图9-3）。32家样本平台单个项目的平均融资额过千万元的6个行业及融资额依次为先进制造业（1 388万元）、社区服务（1 333万元）、生物科技（1 333万元）、汽车服务（1 077万元）、大健康（1 064万元）和互联网金融（1 000万元）。

从股权融资成功融资的项目数量来看，截至2016年底，32家样本的累计成功融资项目个数在50个以上的行业和项目数量依次为文化娱乐（102个）、餐饮（75个）、企业级服务（74个）、生活服务（72个）、互联网金融（70个）、电商（65个）、教育（65个）和智能硬件（60个）；项目数量在30~50个之间的依次为先进制造业（49个）、大健康（47个）、游戏（43个）、社交（43个）、汽车服务（39个）、O2O（35个）和旅游（31个）。其他行业的累计成功融资项目数量均在30个以下。

32家样本平台的股权融资项目主要分布在先进制造业、企业级服务、智能硬件、文化娱乐、大健康和互联网金融等领域，表明互联网股权融资符合国家供给侧结构性改革、“双创”和中小企业融资的战略方向。

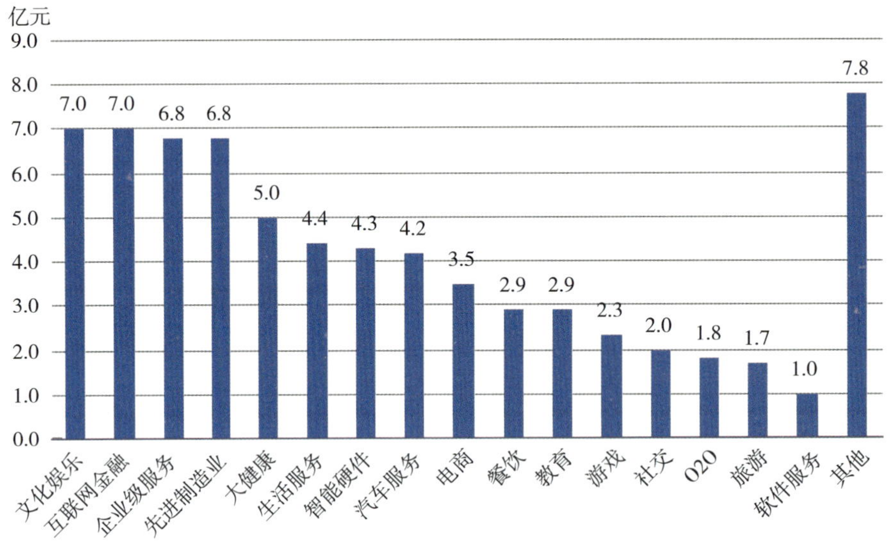

资料来源：中国互联网金融协会整理。

图9-3　32家样本平台分行业项目累计成功融资额

专栏 2016年互联网股权融资项目收益情况

一、半数项目能按时分红，多数项目推迟分红的时间不超三个月

对200个互联网非公开股权融资项目的按时分红情况监测显示①，31%的项目提前分红，22%的项目按时分红，47%的项目推迟分红。推迟不到1个月（含1个月）分红的项目数32个，占推迟分红项目数的34.4%；推迟1-3个月（含3个月）分红的项目数39个，占推迟分红项目数的41.9%；推迟4个月及以上分红的项目数合计为8个，仅占推迟分红项目数的8.6%②。

二、首年达到预期盈利目标的项目数极少，约半数项目不到预期盈利目标的10%

在被监测的200个股权融资项目中，剔除投资期未到1年的79个项目，1年期以上的121个项目中仅有1个项目达到了项目方预估的第一年预期盈利目标。58个项目第一年盈利仅为预期盈利目标的0-10%（含10%），占未达第一年预期盈利目标项目数（120个）的48.3%；50个项目盈利为预期盈利目标的10%-50%（含50%），占比为41.7%；12个项目盈利为预期盈利目标的50%以上，占比为10%。项目提供方设定的第一年预期盈利基本不达标的主要原因，可能与项目提供方为吸引投资者设定的预期盈利目标较高有关，也可能由于股权融资项目的投资期限较长，短期内不容易实现盈利目标。

三、半数项目首年实际收益率不到10%，近三成项目的首年实际收益率高于20%

在被监测的投资期限在1年以上的121个股权融资项目中，64个项目的第一年实际收益率不到10%（含10%），占投资期限在1年以上的项目数（121个）的52.9%；22个项目的第一年实际收益率处于10%-20%区间（含20%），占比为18.2%；35个项目第一年实际收益率达到20%以上，占比为28.9%。教育培训、休闲娱乐、美食和生活服务行业股权融资项目的第一年实际收益率分别为16.8%、15.2%、13.1%和12.5%，分别高出P2P行业综合利率（10.6%）6.2个、4.6个、2.5个和1.9个百分点。121个被监测项目的第一年平均实际收益率为13.2%，高出P2P行业综合利率2.6个百分点。

---

① 数据来源：众筹家。

② 部分平台未披露详细的推迟分红时间。

第二节　互联网股权融资的发展环境

我国现有互联网股权融资活动主要包括股权众筹融资（即互联网公开股权融资）和互联网非公开股权融资。由于相关监管政策尚未发布，现仅互联网非公开股权融资被视为合法。

2016年10月14日，证监会等15部委印发了《股权众筹风险专项整治工作实施方案》（证监发〔2016〕29号，以下简称《方案》）。《方案》明确指出，股权众筹融资具有公开、小额、大众的特征，涉及社会公共利益和经济金融安全，必须依法监管，将按照摸底排查、清理整顿、督查和评估、验收和总结四个步骤，稳步推进股权众筹风险专项整治工作。

《方案》列出的整治重点包括：一是互联网股权融资平台以“股权众筹”等名义从事股权融资业务；二是平台以“股权众筹”名义募集私募股权投资基金；三是平台上的融资者未经批准，擅自公开或者变相公开发行股票；四是平台通过虚构或夸大平台实力、融资项目信息和回报等方法，进行虚假宣传，误导投资者；五是平台上的融资者欺诈发行股票等金融产品；六是平台及其工作人员挪用或占用投资者资金；七是平台和房地产开发企业、房地产中介机构以“股权众筹”名义从事非法集资活动；八是证券公司、基金公司和期货公司等持牌金融机构与互联网企业合作，违法违规开展业务。

《方案》以负面清单的方式对互联网非公开股权融资进行规范，做出了六项禁止性规定，即严禁擅自公开发行股票、变相公开发行股票、非法开展私募基金管理业务、非法经营证券业务、虚假违法广告宣传、挪用或占用投资者资金等。

需要注意的是，现行的法律法规尚未对互联网股权融资领域的融资额度、合格投资者标准、平台的权利义务和信息披露等方面的内容进行规制。我国《证券法》第二章第十条规定“公开发行证券，必须符合法律、行政法规规定的条件，并依法报经国务院证券监督管理机构或者国务院授权的部门核准；未经依法核准，任何单位和个人不得公开发行证券”。据媒体报道，《证券法修订草案》二审稿并未对《证券法》第二章第十条进行修订，也未增加股权众筹相关的法律条款。由于互联网公开股权融资（公募股权众筹）涉及募集公众资金和公开发行证券，加上《证券法修订草案》没有对股权众筹进行法律定性，因而不太可能对其实行核准制。目前，互联网非公开股权融资（私募股权众筹）也面临两个难点：一是私募股权众筹的法律依据不足，《证券法》并未对私募股权融资进行规制；二是私募股权众筹采取互联网方式，社会上对其私募性质表示质疑。

由于互联网股权融资的相关法律、法规尚不完善，法律性质不够明确，导致整个行业的合规风险较大，一些股权融资平台下线或转型，行业发展整体不景气。

专栏 人工智能在互联网非公开股权融资中的应用

作为私募股权的创新业态，互联网非公开股权融资也面临项目筛选和精准投后管理两大难点问题。云投汇众筹（北京）网络技术有限公司（以下简称云投汇）利用人工智能技术开发了智能项目测评和智能投后管理。前者构建项目测评模型，实现了项目的智能筛选；后者对融资成功项目进行多维度数据分析，对企业经营情况进行预测、辅助决策和跟踪管理。

一、智能项目测评

一是构建项目测评模型。云投汇将专业投资机构对项目筛选要素细分成60多个维度，从中构建项目测评模型。

二是构建投资人的投资期望模型和进行用户画像。根据投资期望模型，对平台上的项目进行风险、行业、项目阶段、融资规模等组合配置。测评工具可根据项目组合的要求筛选出与投资人匹配的项目和项目组合。

三是采用机器学习算法，充分利用创投机构积累的数据及海量的创业项目信息对测评工具进行监督式学习，对项目测评的精准度不断迭代和收敛。

二、智能投后管理

一是构建智能决策综合指标体系。通过收集融资成功的项目数据开展多维度统计分析，再关联宏观经济等数据对行业进行综合评估，并抓取具有代表性的公司样本，构建企业综合指标体系，以预测企业经营情况并提供决策建议。

二是通过项目文本数据的智能化分析，为项目投后管理提供内容支持。通过抓取融资项目的相关新闻报道、媒体推送等作为智能投后引擎的关键词，将文本进行归类和匹配，为项目投后的跟踪管理提供信息支持。

第三节　互联网股权融资的主要问题与挑战

一、平台信息披露不充分，相关领域存欺诈风险

部分互联网非公开股权融资平台存在对融资方信息披露不充分的问题：一是部分平台融资信息披露与实际情况不符，披露信息混乱或故意隐瞒；二是部分平台对融资方的信息披露要求过于简单，且不对融资方披露信息做真实性审核。

此外，部分平台还存在为自身或变相为自身融资的问题，以及一些伪众筹平台及项目打着“股权众筹”或“众筹”名义误导投资者，涉嫌公开或变相公开发行证券。

融资方的欺诈风险主要体现在投前宣传和投后管理两个方面。在投前宣传方面，部分融资方往往对股权融资项目进行乐观的包装宣传和收益预期，向投资者强调项目收益的高回报，而刻意淡化未来项目的风险。有的融资方还在投前宣传中，委托利益关联人出具未经审计的尽职调查报告，对投资者造成误导。在投后管理方面，部分融资方通过财务手段将利润隐藏、转移，给投资者利益带来较大损失。此外，针对亏损严重的项目，有的融资方拒不履行合同回购，融资方“跑路”事件时有发生。

解决股权融资领域欺诈风险的核心是缓解信息不对称的不利影响。完善信息披露制度、建立健全的信用机制是解决平台方和融资方欺诈风险的重要手段。

二、互联网股权融资行业的明股实债问题比较突出

明股实债是指投资者通过入股项目公司，约定固定的收益率或股息率，项目期满时由相关主体通过对入股股权进行回购、提供差额补足、向目标企业提供流动性支持、受让资管产品受益权份额等方式，以确保在一定时期内实现股权的顺利退出。明股实债表面上是一种股权，实质上是一种具有刚性兑付性质的债权。目前，部分项目融资方通过承诺投资者到期退出的方式吸引股权投资者，不少投资者在项目到期时也要求股权融资平台进行刚性兑付，因而股权融资领域的明股实债问题比较突出，也蕴含了较大的金融

风险和法律风险，成为互联网非公开股权融资领域专项整治的重点内容。

三、对合格投资者认定的差异较大

目前，我国股权融资平台对合格投资者的认定主要是参考《私募投资基金募集行为管理办法》对合格投资者的相关规定。由于我国互联网股权融资领域的合格投资者制度缺失，各家股权融资平台按照自己的标准认定合格投资者，并且认定标准差异较大。多数平台对合格投资者的认定流于形式，导致投资者对股权投资风险的认知不清晰，投资者权益得不到有效保障。当前我国合格投资者制度仍处于初级阶段，互联网股权融资平台应遵循现有法律法规对各类产品的合格投资者的准入要求，通过完善投资者适当性管理制度，做好互联网股权投资者的审查和教育。

第四节 互联网股权融资的发展趋势与展望

一、行业趋向规范发展，精细化和专业化将成发展主流

随着互联网金融风险专项整治的逐步深入，部分实力较弱的互联网股权融资平台将被迫转型或遭淘汰，互联网股权融资的市场份额将进一步向实力较强的优质平台集中。随着阿里巴巴、京东、奇虎360等实力较强的互联网企业进军股权融资市场，中小股权融资平台难以与这些实力雄厚的企业抗衡，更多的中小平台将追求自身特色，专注于某一市场的细分领域进行深耕细作。精细化和专业化或将成为未来互联网股权融资市场发展的主流趋势。

二、平台将注重生态圈构建，重点布局移动端业务

互联网股权融资平台对生态圈的构建主要包括三方面的内容：一是通过与孵化器、创投机构、科研院所等建立紧密合作的方式优化项目来源；二是通过获得和经营优质社群来吸引、凝聚合格投资人；三是通过与国内外各类交易市场建立有效联系与衔接，实现项目顺利退出。

另外，随着互联网用户逐步向移动端转移，部分互联网股权融资平台开始大力发展移动端业务。伴随移动端的完善，社交、消费等场景的搭建，平台的融资方式将更加丰富。

三、平台将不断探索股权退出通道和方式

除了再融资退出和上市以外，互联网股权融资平台在项目的股权转让方面可能尝试以下三种方式：一是平台内部开设股权转让板块，让投资人可在项目平台内部进行股权转让；二是平台与区域性股权交易场所进行合作实现股权转让；三是建立众筹资产交易所交易股权。如美国众筹股权二级市场（CFX Markets）推出股权众筹的二级转让市场，

股权投资者可在网上出售自己的股权。

四、平台更加注重通过新技术应用实施风险控制

目前，大数据、人工智能、区块链等新技术已被逐渐应用到互联网股权融资的风险控制，并以此促进交易透明化，减少信息不对称带来的投资风险，解决互联网股权融资行业的第三方支付、信息披露、项目评价和征信等环节存在的各种问题。

专题

- P2P网贷行业发展指数专题
- 互联网金融标准化工作
- 区块链技术在金融领域的应用探索
- 互联网金融风险教育
- 互联网金融行业信用建设

专题1　P2P网贷行业发展指数专题

为直观地衡量P2P网贷行业发展情况，为监管机构决策、金融消费者投资以及从业机构的经营提供信息参考，中国互联网金融协会在深入研究国内外相关理论模型，调研P2P等网贷行业情况的基础上，经广泛征求意见和专家论证，编制了P2P网贷行业发展指数（以下简称“发展指数”）。发展指数生成算法分为四个步骤：构建指标体系、无量纲化处理、指数权重设计以及指数合成。

第一节　发展指数的指标构成

P2P等网贷行业发展指数指标由规模指标和健康指标构成。构建P2P等网贷行业发展指数指标需要采集的数据如附录表2所示；基于2014年1月到2016年12月数据生成的指标取值如附录表3所示。

规模指标主要度量P2P等网贷行业当前规模，包括网贷平台数量、网贷当期成交量、网贷当期成交额、网贷投资人数、网贷借款人数。

健康指标主要度量P2P等网贷行业发展的健康程度，包括合格机构比率、当期长期标比率、项目利率比率以及非拆标比率。

表1　P2P等网贷行业发展指数指标体系

一级指标	二级指标	指标说明
规模指标	网贷平台数量	当期活跃的P2P平台数量
	网贷当期成交量	当期平台贷款成交笔数，以万元为单位
	网贷当期成交额	当期平台贷款成交总额，以万元为单位
	网贷投资人数	参与P2P投资的金融消费者的总数，以万元为单位
	网贷借款人数	参与P2P投资的借款人的总数，以万元为单位
健康指标	合格机构比率	合格机构比率是指当期未出现问题的P2P平台占所有P2P平台的比例
	当期长期标比率	当期长期标比率代表当期长期贷款额占贷款总额的比率
	项目利率比率	项目利率比率代表当期适用的贷款基准利率占项目加权平均利率的比率
	非拆标比率	非拆标比率代表当期未使用拆标形式发放标的的P2P平台的比率

第二节　网贷行业发展指数结果及分析

一、发展指数的数据结果分析

1. 发展指数总体分析

P2P发展指数综合反映了P2P等网贷行业的发展规模和健康状况。以2015年1月为基期（基期=100）计算，在2015年初至2016年末之间，P2P发展指数总体呈上升趋势。

从季度数据来看，P2P发展指数呈现较显著的递增趋势。2015年发展指数第一季度至第四季度分别为：102.94、113.04、130.88、143.64。2016年各季度值为：129.09、142.89、169.26、183.49，均比上年同期有所增加，同比增速分别为：25.41%、26.41%、29.33%、27.75%；截至2016年末，P2P发展指数的平均值为139.40，除第一季度外，2016年各季度的P2P发展指数均超过平均水平。

从月度数据来看，P2P发展指数也呈现递增趋势，自2015年1月至2016年12月末，发展指数每月同比均呈增加趋势，说明2015年之后，P2P整体行业在2016年继续保持强劲增长态势。

网贷行业发展指数版图

2015年

- 3月 2015年“两会”李克强总理指出将“制定‘互联网+’行动计划，政府工作报告再次“发声”促进互联网金融健康发展
- 4月 处置非法集资部际联席会议办公室，11部委联手整治P2P非法集资
- 7月 央行等十部委联合发布《关于促进互联网金融健康发展的指导意见》；27日，保监会颁布《互联网保险业务监管暂行办法》；央行发布《非银行支付机构网络支付业务管理办法（征求意见稿）》
- 12月 银监会携手工信部、公安部、国家互联网信息办公室等部门共同研究起草了《网络借贷信息中介机构业务活动管理暂行办法（意见征求稿）》；同日，中国人民银行正式下发了《非银行支付机构网络支付业务管理办法》

2016年

- 3月 中国互联网金融协会成立，对协会章程、自律公约、倡议书、会员机制等协会基本制度进行审议表决，出台96项“史上最严”信息披露指标
- 4月 国务院召开14个部委参加的电视会议，在全国范围内开展为期一年的互联网金融领域专项整治行动
- 8月 银监会、公安部、工信部、互联网信息办公室四部委联合发布《网络借贷信息中介机构业务活动管理暂行办法》
- 11月 银监会联合多部委发布《网络借贷信息中介备案登记管理指引》

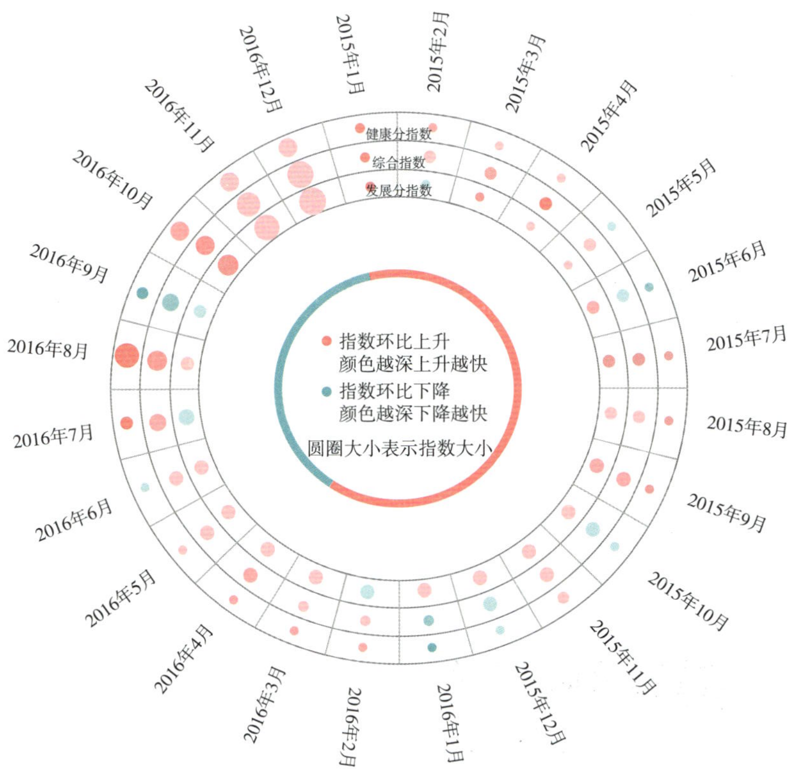

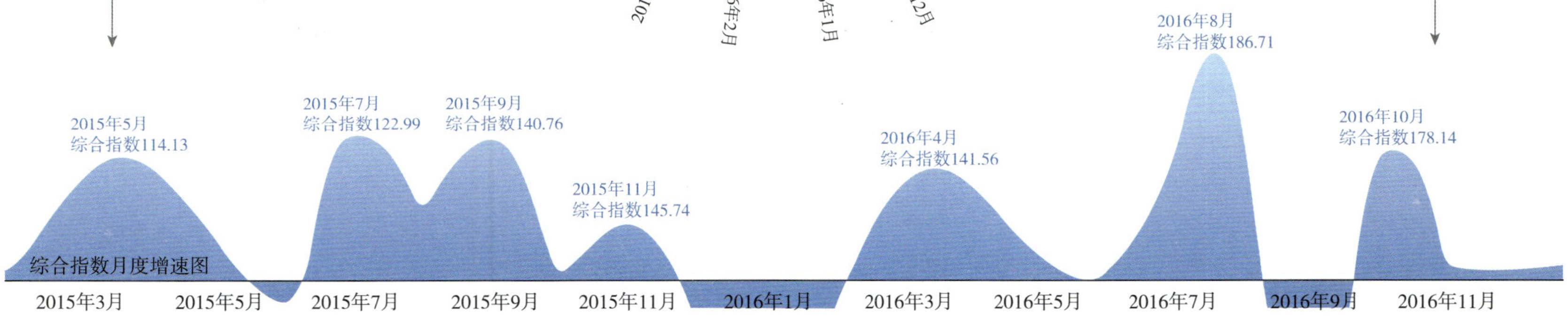

规模指数与健康指数分析图

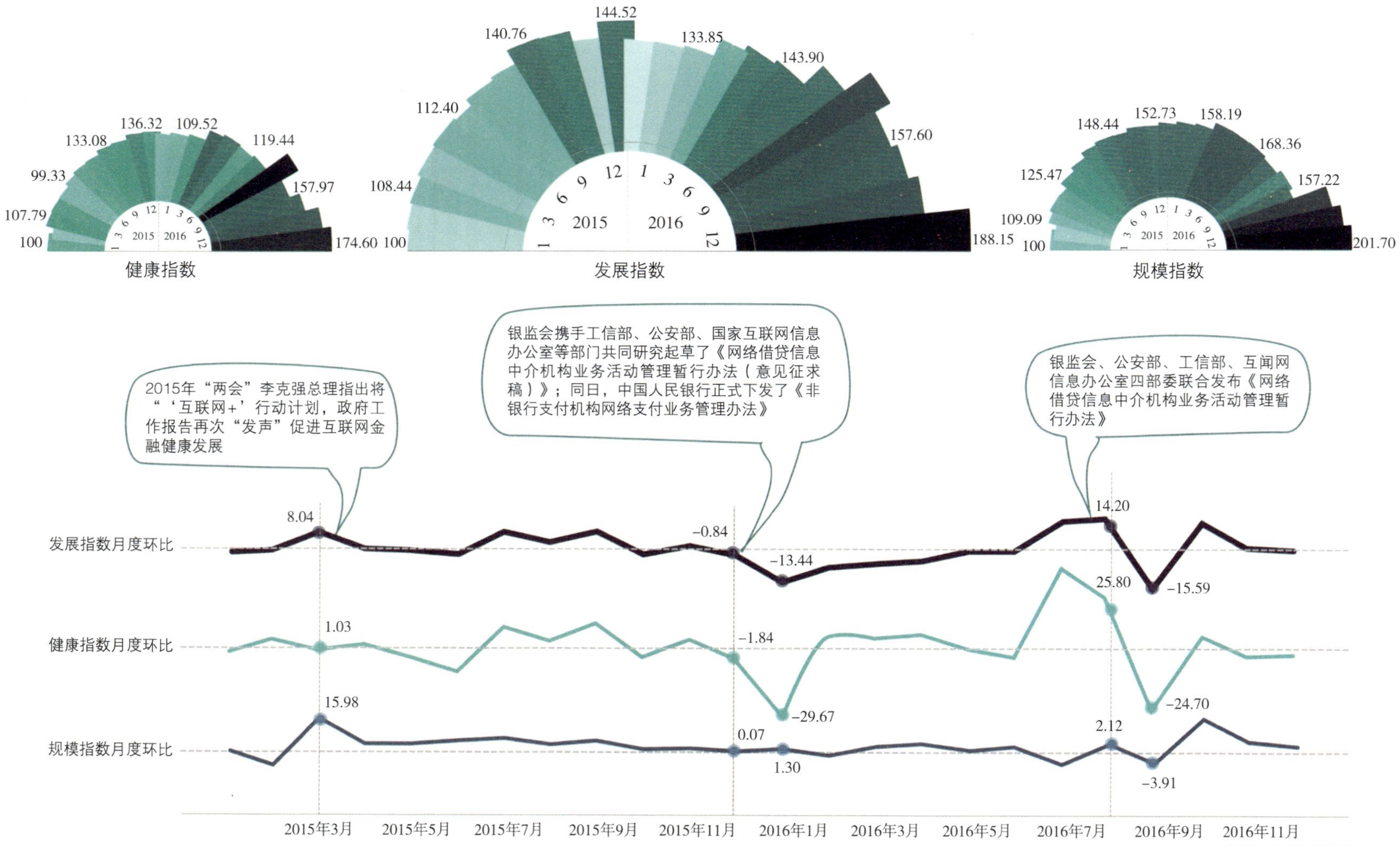

本图由金信网银制作

2. 规模指数和健康指数分析

代表行业活跃度和规模的P2P规模指数在同期内也有相似表现。P2P规模指数除个别月份的大幅上涨外，其他月份均保持稳定小幅上升。从2015年1月（基期）至2016年12月，基本呈现逐月增长的态势，至2016年12月底为201.7，已经超过基期的1倍多。

2015年3月的规模指数的增幅达到15.98%。2015年政府工作报告首次提出“制定‘互联网+’行动计划，推动移动互联网、云计算、大数据、物联网等与现代制造业结合，促进电子商务、工业互联网和互联网金融健康发展，引导互联网企业拓展国际市场”，极大的振奋了P2P行业的市场信心。

P2P健康指数取值除个别月份外，均保持上涨趋势。从2015年初的100点涨至2016年末的174.60点，增幅超过70%，说明在此期间，P2P行业的合规程度有了明显的提升。

银监会和人民银行分别发布了《网络借贷信息中介机构业务活动管理暂行办法（征求意见稿）》和《非银行支付机构网络支付业务管理办法》，明确了P2P行业运营的条件以及诸多操作的规范界限，对我国P2P行业的发展作了进一步规范。行业经历了监管规范带来的阵痛，发展出现了短暂的波动。2016年1月，P2P健康指数降至95.47，环比跌幅达29.97%。

2016年9月，P2P健康指数为157.97，环比跌幅达24.7%。其原因在于银监会等在2016年8月末发布的《网络借贷信息中介机构业务活动管理暂行办法》（以下简称《暂行办法》）。《暂行办法》的公布带来了行业短期的阵痛。

2016年9月至12月间，P2P健康指数平稳上升。自9月份至12月份，健康指数各月份分别是：157.9、170.81、172.74、174.6。其原因在于P2P行业经过短暂的阵痛期后，行业监管政策的正面效果逐步显现，P2P等网贷行业发展更加规范。

3. 发展指数细分指标分析

从规模指标来看，网贷平台数量、网贷当期成交量、成交额、网贷投资人数、借款人数在2015年、2016年除个别月份外，均呈现扩张态势，并且2016年的发展规模超过2015年的同期水平。

2015年12月份《网络借贷信息中介机构业务活动管理暂行办法（征求意见稿）》颁布后，P2P行业在2016年1月份的成交额下跌为1 217.89亿元，环比跌幅为5.9%，投资人数也同样降低为260.32万人，环比跌幅为10.45%。

网贷发展指数细分指标分析图

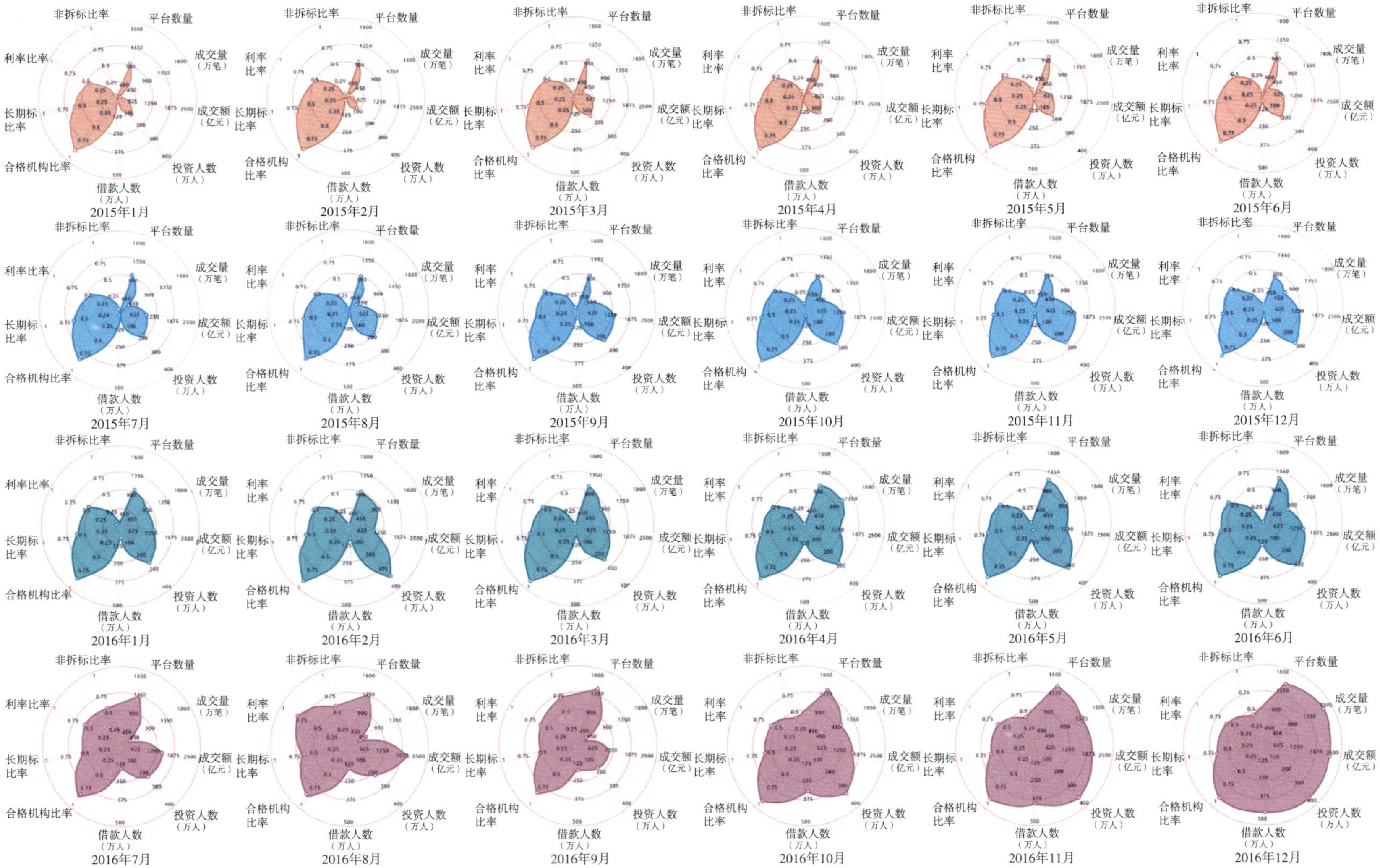

本图由金信网银制作

2016年8月份《网络借贷信息中介机构业务活动管理暂行办法》出台后，P2P行业规模在随即的9月份产生收敛效果：P2P行业的成交额锐减至1 223.68亿元，环比降低42.26%；投资人数也同样锐减至183.03万，环比降低18.64%。

从健康指标来看，合规机构比率、当期长期标比率、项目利率比率、非拆标比率在2015年基本保持平稳状态，2016年比2015年的同期水平略显扩张。在2016年，除《网络借贷信息中介机构业务活动管理暂行办法》出台后的9月份，四个指标稍有收敛外，其余都有增长态势。特别是在政策颁布后的10月至12月，P2P的健康、规模指数的各个指标均有扩展，在12月末达到顶峰。

二、发展指数与央行宏观经济指标对比分析

通过对比P2P等网贷行业发展指数和宏观经济指标，既可以分析互联网金融和宏观经济、金融趋势的关系，也可以检验P2P网贷行业发展指数的科学性。

将P2P发展指数与各个宏观经济指标进行对比，从图3中可以看出，P2P发展指数的变动早于小型企业PMI，这主要是由于实体经济的变化相对于资金供求的变化有滞后性，也反映了P2P等网贷行业持续为中小型企业服务的宗旨，特别是小型的实体经济发展与P2P网贷行业有关联。

而相对于传统金融发展状况的三个重要指标——M2、人民币贷款、社会融资规模，P2P发展指数增速与M2增速无显著相关性，与人民币贷款增速和社会融资规模增速均呈负相关，相关系数分别为-0.46和-0.58。

另外，分析发现，P2P发展指数的增速要晚于M2、人民币贷款、社会融资规模的增速变化，这主要是由于互联网金融市场的变化相对于传统金融市场具有一定的滞后性，且受传统金融放贷规模影响。

P2P发展指数增速跟随M2变化的同时，呈现波动扩大态势。因为M2对社会资金起到杠杆作用，即使窄幅的变化也可以引起社会资金大幅变动。而相对于对人民币贷款增速变化，P2P发展指数增速的同期变化幅度较小，因为P2P的交易额相对人民币贷款绝对量较小，所以变化幅度不及人民币贷款。这也从侧面反映了网贷行业与传统金融主体互为补充，可以一定程度上弥补传统金融机构资金供给的不足。

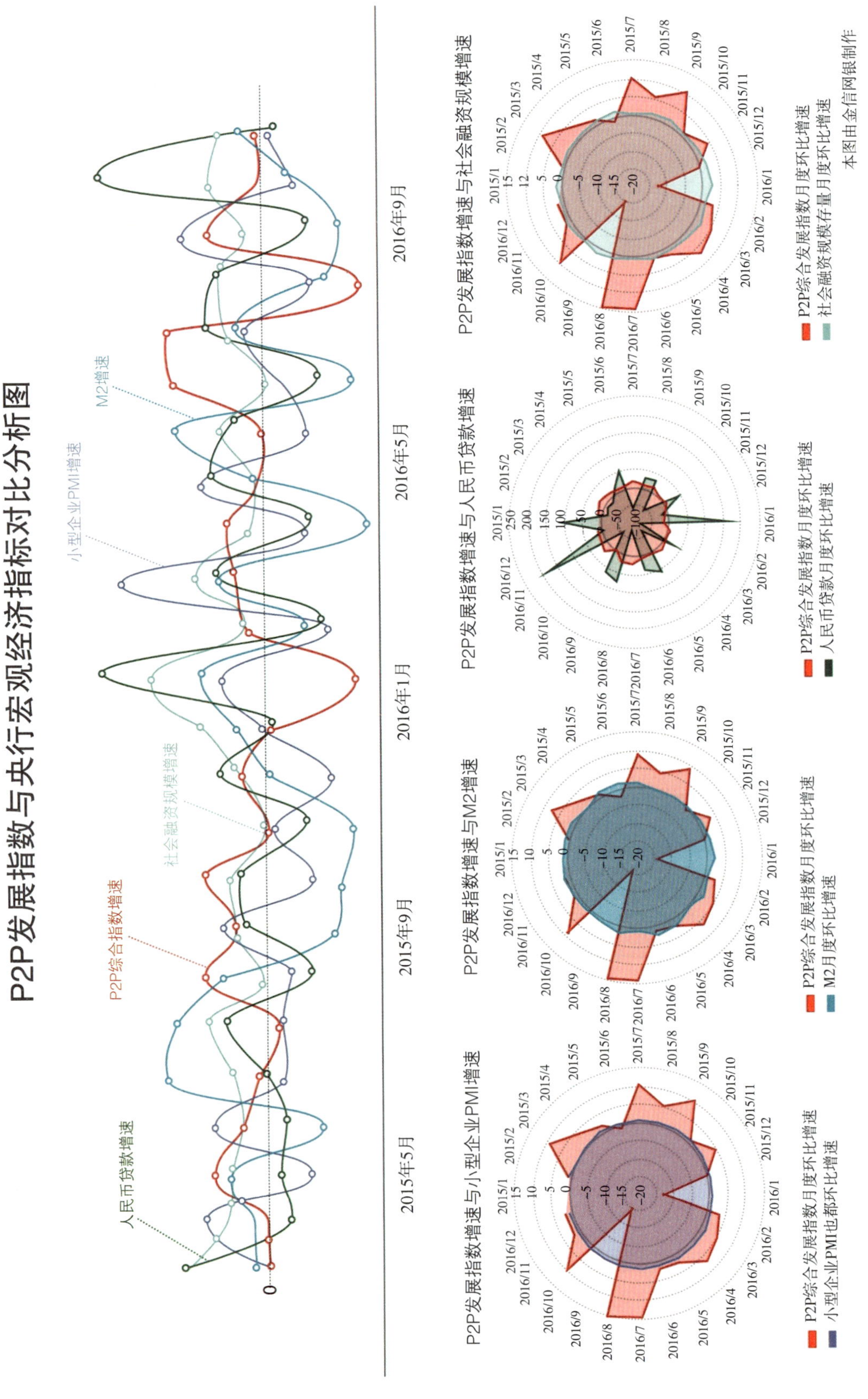
P2P发展指数与央行宏观经济指标对比分析图
人民币贷款增速
P2P综合指数增速
社会融资规模增速
小型企业PMI增速
M2增速
0
2015年5月
2015年9月
2016年1月
2016年5月
2016年9月
P2P发展指数增速与小型企业PMI增速
P2P综合发展指数月度环比增速
小型企业PMI也都环比增速
P2P发展指数增速与M2增速
P2P综合发展指数月度环比增速
M2月度环比增速
P2P发展指数增速与人民币贷款增速
P2P综合发展指数月度环比增速
人民币贷款月度环比增速
P2P发展指数增速与社会融资规模增速
P2P综合发展指数月度环比增速
社会融资资规模存量月度环比增速
本图由金信网银制作

第三节 结论

综合上述分析结果，得出如下结论：一是P2P行业发展规模逐年增加，行业影响力稳步提升；二是P2P行业在互联网金融风险专项整治和多项相关监管政策出台的背景下，虽然经过了短暂的阵痛，但是行业内的公司质量受政策影响明显改善，表现为2016年第4季度行业发展规模与健康水平总体回升；三是P2P综合指数的环比变化趋势要早于小型企业PMI，与人民币贷款、社会融资规模存量存在相关性，说明P2P等网贷行业的发展与实体经济、传统金融市场仍密切相关，并与传统的金融机构形成互补趋势。

附　录

表2　P2P等网贷行业发展指数指标构成①

日期	网贷平台数量	网贷当期成交量	网贷当期成交额（万元）	网贷投资人数	网贷借款人数	合格机构比率	当期长期标比率	项目利率比率	非拆标比率
2014年1月	429	9.98	1 009 212.24	17.25	3.66	0.97	0.56	0.36	0.01
2014年2月	448	8.57	914 151.05	18.00	2.32	0.98	0.49	0.35	0.00
2014年3月	465	11.12	1 373 267.65	23.24	3.59	0.98	0.55	0.37	0.01
2014年4月	551	12.52	2 138 696.24	27.04	4.20	0.98	0.67	0.34	0.01
2014年5月	617	13.83	1 616 981.61	30.92	4.59	0.99	0.56	0.37	0.01
2014年6月	701	15.37	2 142 151.09	35.00	5.39	0.99	0.56	0.41	0.01
2014年7月	786	20.94	2 394 043.89	46.96	8.02	0.99	0.57	0.40	0.01
2014年8月	858	25.62	2 566 822.85	58.42	10.94	0.98	0.58	0.40	0.01
2014年9月	891	32.32	3 153 858.33	73.23	14.44	0.97	0.62	0.41	0.01
2014年10月	941	38.26	3 256 419.39	87.18	15.84	0.96	0.61	0.42	0.02
2014年11月	978	47.10	3 553 244.45	106.26	18.10	0.96	0.60	0.41	0.02
2014年12月	1 005	58.36	4 875 863.84	116.53	20.95	0.91	0.65	0.45	0.01
2015年1月	1 017	74.07	4 738 764.73	121.44	21.81	0.93	0.62	0.46	0.02
2015年2月	1 001	75.36	4 302 610.91	105.55	18.32	0.94	0.65	0.47	0.02
2015年3月	851	94.14	5 885 501.56	133.58	25.80	0.93	0.64	0.46	0.02
2015年4月	1 050	113.03	6 461 451.43	140.86	29.33	0.95	0.61	0.47	0.02
2015年5月	1 043	127.15	6 957 221.32	158.60	32.48	0.94	0.67	0.45	0.02
2015年6月	1 036	154.89	7 734 593.97	177.38	39.71	0.88	0.61	0.44	0.02
2015年7月	1 003	217.26	9 632 558.23	197.96	47.30	0.89	0.63	0.46	0.02

① 网贷平台数量的单位为个，网贷当期成交量的单位为万笔，网贷当期成交额的单位为万元，网贷投资人数与网贷借款人数的单位为万人。

续表

日期	网贷平台数量	网贷当期成交量	网贷当期成交额（万元）	网贷投资人数	网贷借款人数	合格机构比率	当期长期标比率	项目利率比率	非拆标比率
2015年8月	971	276.05	10 426 236.11	211.29	54.58	0.92	0.62	0.48	0.02
2015年9月	949	314.75	13 492 554.07	243.57	53.42	0.94	0.59	0.51	0.02
2015年10月	921	424.77	13 578 730.04	265.78	53.26	0.95	0.61	0.51	0.02
2015年11月	905	508.86	14 500 496.29	264.88	55.78	0.91	0.58	0.52	0.02
2015年12月	861	682.59	12 941 959.99	290.71	61.42	0.88	0.57	0.51	0.03
2016年1月	980	796.07	12 178 944.26	260.32	80.91	0.94	0.61	0.52	0.02
2016年2月	908	847.56	8 892 643.42	376.61	80.17	0.98	0.58	0.51	0.02
2016年3月	1 095	802.23	12 466 504.16	263.39	85.13	0.98	0.62	0.52	0.02
2016年4月	1 038	1 100.82	12 116 680.65	282.70	130.05	0.98	0.64	0.54	0.03
2016年5月	1 147	985.64	11 936 666.18	320.72	117.73	0.98	0.65	0.55	0.03
2016年6月	1 249	703.32	14 484 694.73	301.54	155.51	0.97	0.62	0.58	0.03
2016年7月	1 376	277.41	15 475 283.89	236.69	170.26	0.94	0.57	0.60	0.57
2016年8月	1 370	282.74	21 194 136.45	224.95	173.33	0.93	0.69	0.85	0.59
2016年9月	1 488	282.74	12 236 814.01	183.03	177.99	0.90	0.55	0.62	0.72
2016年10月	1 519	1 006.79	16 394 209.70	341.84	313.70	0.98	0.58	0.58	0.42
2016年11月	1 607	1 370.30	20 369 863.77	379.94	397.56	0.96	0.61	0.59	0.41
2016年12月	1 632	1 772.42	23 337 853.88	387.99	459.69	0.95	0.65	0.59	0.43

表3 P2P等网贷行业发展指数

日期	P2P综合指数		P2P发展分指数		P2P健康分指数	
	指数值	月度增速（%）	指数值	月度增速（%）	指数值	月度增速（%）
2015年1月	100		100		100	
2015年2月	100.37	0.37	94.06	–5.94	106.68	6.68
2015年3月	108.44	8.04	109.09	15.98	107.79	1.03
2015年4月	112.59	3.82	114.09	4.58	111.08	3.05
2015年5月	114.13	1.38	118.68	4.02	109.59	–1.34
2015年6月	112.40	–1.52	125.47	5.72	99.33	–9.36
2015年7月	122.99	9.42	135.00	7.59	110.99	11.74

续表

日期	P2P综合指数		P2P发展分指数		P2P健康分指数	
	指数值	月度增速（%）	指数值	月度增速（%）	指数值	月度增速（%）
2015年8月	128.89	4.80	139.57	3.39	118.21	6.50
2015年9月	140.76	9.21	148.44	6.35	133.08	12.58
2015年10月	140.64	-0.09	149.91	0.99	131.38	-1.28
2015年11月	145.74	3.63	152.62	1.81	138.87	5.70
2015年12月	144.52	-0.84	152.73	0.07	136.32	-1.84
2016年1月	125.09	-13.44	154.72	1.30	95.47	-29.97
2016年2月	128.33	2.59	153.63	-0.70	103.03	7.93
2016年3月	133.85	4.30	158.19	2.97	109.52	6.29
2016年4月	141.56	5.76	164.35	3.89	118.783	8.46
2016年5月	143.20	1.16	165.74	0.85	120.66	1.58
2016年6月	143.90	0.49	168.36	1.58	119.44	-1.01
2016年7月	163.49	13.61	160.21	-4.84	166.78	39.63
2016年8月	186.71	14.20	163.61	2.12	209.80	25.80
2016年9月	157.60	-15.59	157.22	-3.91	157.97	-24.70
2016年10月	178.14	13.04	185.48	17.97	170.81	8.12
2016年11月	184.19	3.39	195.63	5.48	172.74	1.13
2016年12月	188.15	2.15	201.70	3.10	174.60	1.08

专题2　互联网金融标准化工作

标准是经济发展和社会进步的重要支撑，也是国家治理体系和治理能力现代化的重要基础性制度。近年来，在技术进步、金融发展等因素的综合作用下，互联网金融蓬勃兴起，在发展普惠金融，服务大众创业、万众创新，提升金融服务质量和效率等方面发挥了积极作用。同时也应看到，互联网金融作为新生事物，在快速发展过程中也暴露出一些问题和风险隐患。其中，“缺标准、缺规则”是互联网金融行业发展面临的突出问题，互联网金融标准化工作任重而道远。

第一节　互联网金融标准化工作的意义

一、有利于促进互联网金融规范发展

互联网金融从业机构起步较晚，在风险意识、服务能力和内控方面尚有不足。一些不良竞争者常常通过虚假宣传、补贴倾销等手段抢夺市场，造成“劣币驱逐良币”的行业乱象。加快推进互联网金融标准化工作，明确从业机构在产品设计、营销宣传、风险管理等方面的标准要素，有助于行业建立规范有序、公平合理的竞争秩序。此外，标准还将提升行业信息透明度，增强各参与方系统和数据的互联互通，引导机构间的交流融合，避免恶性竞争造成资金和人才浪费。

二、有利于完善互联网金融风险治理

互联网金融本质仍属于金融，没有改变金融风险隐蔽性、传染性、广泛性和突发性的特点。加快推进互联网金融标准化工作，明确从业机构建立信息披露、信用信息共享、统计监测等方面的统一规则和流程，有助于降低行业整体发生风险的概率。同时，

交易过程中资金流和信息流的标准化程度高，有助于监管机构更加清晰、全面了解互联网金融业务实质，实现“穿透式”监管，减少监管套利，维护金融稳定。

三、有利于加强互联网金融消费者保护

互联网金融服务的“长尾”客户很多缺乏金融专业知识，对金融产品内在风险认识不足，容易受到“高收益”的诱导。在互联网条件下，由于没有面签、纸质合同留证等环节，消费者权益受到侵害时，还会面临维权难、举证难等问题。此外，部分企业对用户隐私保护不足、致使用户信息流入黑市，为电信诈骗提供了便利。针对上述问题，加快推进互联网金融标准化工作，对从业机构服务操作流程、关键服务指标、隐私保护机制等进行规范，有助于引导互联网金融企业切实履行社会责任，切实保护消费者合法权益。

四、有利于提升互联网金融国际竞争力

李克强总理指出，标准化水平的高低，反映了一个国家产业核心竞争力乃至综合实力的强弱。当前，互联网金融或者FinTech日益成为数字化、信息化时代下，各国金融竞争和金融资源布局的新兴领域。经过几年的发展，我国互联网金融的业务规模和创新深度可以说在全球处于前列。在这种情况下，加快推进互联网金融标准化工作，将互联网金融标准竞争作为继产品竞争、品牌竞争后的重要方向，有助于增强我国在国际标准制定中的话语权，提升我国互联网金融的国际竞争力。

第二节　互联网金融标准化工作的基本原则

一、坚持需求引领

将互联网金融标准体系置于建设现代金融体系的整体框架下，把满足市场需求、监管需求和社会需求作为互联网金融标准化工作的出发点和落脚点，加强调研，合理规划，科学布局，充分满足互联网金融行业发展对标准化的需求。

二、突出创新驱动

技术创新是互联网金融发展的核心动力。在标准制定的过程中，要及时关注和研究技术的演进趋势，将创新因素纳入标准之中，不断提高互联网金融标准的科技含量和领先水平，充分发挥标准化对行业可持续健康发展的支撑作用。

三、注重统筹推进

互联网金融标准化工作是一项复杂的系统工程，需要顶层设计、系统规划、统筹推进。在一些问题和风险较为突出的领域，要按照监管要求和行业发展需要，在标准体系统一框架下，采取“共性先立、急用先行、滚动完善”的思路，加快制定这些领域的技术标准和业务规范。

四、强化实施落地

做好标准实施情况的评估管理工作，采取多元化、市场化的配套措施，提高标准的约束力和执行力。充分调动企业、消费者和各相关方参与到互联网金融标准化工作的实施过程中，进一步提高互联网金融标准工作的成效。

五、加强国际交流

持续关注、学习和吸收国际先进的标准化理念，积极参与国际标准化组织活动，提升我国互联网金融的标准化水平。通过研讨会、论坛、人才交流等多种方式，增进国际标准化组织和国外机构对我国互联网金融标准化发展的认识，使国内互联网金融标准与国际金融标准有机衔接。

第三节　2016年互联网金融标准化工作的进展情况

2016年，由中国互联网金融协会（以下简称协会）担任组长单位的金标委互联网金融标准工作组正式成立，标志着互联网金融标准化工作进入统筹规划、共建共享、有序推进的新阶段，互联网金融标准体系框架初步建立，部分关键领域标准加速研制，标准化服务工作扎实起步。

一、加强互联网金融标准的组织建设

2016年12月，经金标委批准，互联网金融标准工作组在京成立，协会担任组长单位，正式全面履行互联网金融标准化建设职责。该工作组是在金标委领导下从事互联网金融领域相关标准研究制定及维护工作的技术组织，首批成员共44家单位，包括银行、证券、保险等传统金融机构以及新兴互联网金融企业、金融基础设施机构和科研院所，具有较为广泛的业态覆盖性和行业代表性。

二、规划建设互联网金融标准体系

互联网金融标准体系是金融行业标准体系重要组成部分，也是互联网金融标准编制及规划的重要依据。协会组织金标委互联网金融标准工作组成员和相关会员机构积极开展互联网金融标准体系建设工作，加强顶层设计。目前，标准体系草案涵盖互联网金融通用基础、产品服务、运营管理、信息技术、行业管理等五方面的标准，覆盖互联网金融当前主流业态。

三、加快制定行业关键标准

为紧密配合监管部门要求，快速响应市场和创新对标准的需求，填补现有标准空白，提高互联网金融标准供给能力，协会积极组织会员机构开展重点领域和关键环节的标准研制工作。2016年10月28日，协会正式发布并实施《互联网金融信息披露个体网络借贷》（T/NIFA 1—2016）。互联网消费金融信息披露、互联网金融云计算、互联网金融债务催收、个体网络借贷资金存管、个体网络借贷合同要素、个体网络借贷电子合同安全、直销银行术语等标准正在抓紧研究制定中。

四、研究探索互联网金融标准化服务

为促进互联网金融标准化工作，向社会提供专业化的标准化服务，在国家标准化管理委员会和金标委的支持和指导下，2016年11月，中国互联网金融协会成为首批互联网金融标准化服务业试点单位，旨在积极探索开展标准研制、培训、咨询、测评、检测、认证等标准化全链条服务，进一步完善互联网金融标准体系建设，促进互联网金融标准实施落地。

第四节　互联网金融标准化工作计划

按照金标委的有关要求，以提高互联网金融行业标准化、规范化水平为目标，在巩固前期工作成果的基础上，积极谋划，主要从以下几个方面开展工作。

一、开展互联网金融标准需求调研工作

为有针对性地开展互联网金融标准化工作，将面向行业专家、从业机构，通过问卷调查、座谈、实地调查等方式，从标准体系、标准研制、宣传贯彻等方面开展调研工作，深入了解互联网金融市场标准化现状和需求，形成标准需求清单和修订计划。

二、滚动完善互联网金融标准体系

为逐步完善互联网金融标准体系，协会将牵头设立标准体系起草工作小组 ，专门负责标准体系建设工作。加强与金标委和协会会员单位的沟通联络，在充分调研的基础上，细化标准体系并广泛征求各方意见，构建层次上涵盖国家标准、行业标准、团体标准和企业标准，维度上包括基础通用、产品服务、信息技术、运营管理、行业管理的多层次、全方位的互联网金融标准体系框架。

三、根据急用先行原则启动关键标准制定

为高质有效地开展互联网金融标准化工作，协会将根据实际工作需求和急用先行原则，充分发挥从业机构的力量，在互联网金融标准体系框架下，继续组织会员单位重点开展风险防控、消费者保护、信息安全等领域标准的研制等工作，提高标准供给能力。

四、加强标准化培训工作

针对标准化工作人员、标准使用部门等不同对象，从标准化国家政策与行业政策、金融国家标准与行业标准的工作规程、标准化理论知识、标准化国际经验与最佳实践等方面，开展内容丰富、形式多样的互联网金融标准化培训。

五、开展标准研究、宣贯、交流等服务工作

研究互联网金融国内外标准化现状和趋势，加强市场调研，开展相关标准研究工作。按照金标委统一安排，开展互联网金融标准的宣传贯彻工作，参与国际标准化组织中互联网金融领域标准化的交流与合作。

六、深入推进标准化服务业试点工作

开展互联网金融标准化服务业试点工作，探索标准化服务新模式，扩展服务范围和业务类型，拓展互联网金融标准化服务全链条，为社会提供标准研制、培训、咨询、测评、检测、认证等标准化服务。

专题3　区块链技术在金融领域的应用探索

第一节　概述

区块链是结合分布式数据存储、点对点传输、共识机制、加密算法等计算机技术的创新应用模式。区块链技术具有分布式、去信任、开放式、可编程等特点，在金融、娱乐、物联网、共享经济等方面具有广泛的应用场景，具有带来诸多革新和变化的潜力。

近年来，区块链技术在世界范围内引发持续的关注和讨论，从各国央行、监管部门到金融机构、科技企业，纷纷参与了区块链技术的研究和探讨，并积极探索区块链在不同场景下的应用落地。我国也对区块链技术相当重视。政府方面，2016年国务院印发的《“十三五”国家信息化规划》（国发〔2016〕73号）提出，到2020年，“数字中国”建设取得显著成效，信息化发展水平大幅跃升，信息化能力跻身国际前列。其中，区块链技术首次被列入规划中。工信部中国电子技术标准化研究院组织有关单位于2016年10月发布《中国区块链技术和应用发展白皮书（2016）》，总结了国内外区块链发展现状和趋势，分析了包含金融等多个应用场景的技术应用，指出了区块链的核心技术路径以及未来区块链技术标准化方向和进程。企业方面，诸多金融机构和科技企业已经开展区块链应用项目，市场上涌现了一批区块链创新企业，建立了一批行业联盟，如中国分布式总账基础协议联盟、金融区块链合作联盟、中国区块链研究联盟等；行业自律组织方面，2016年6月，中国互联网金融协会成立区块链研究工作组，重点围绕区块链在金融领域应用的技术难点、业务场景、风险管理、行业标准等方面开展研究。

第二节　金融应用场景

根据初步调研，目前区块链技术的金融应用主要有以下场景：

一、支付清算

目前的支付清算主要依赖于银行体系完成，在资金转移过程中，发款银行和接收银行通常需要依赖于中央清算所或者关联银行完成中间环节。不同机构之间要建立代理关系，每笔交易要在不同的对手方之间都经过记账、对账、核算等过程。整个过程涉及机构和环节多，交易成本较高。应用区块链技术，可以跨过中间机构实现点对点的支付清算，省去繁琐的中间环节，从而提高交易速度，降低交易成本，同时即使部分网络瘫痪也不影响整体系统运行。

二、数字票据

票据是现代商业中普遍使用的一种信用工具，体现债权、债务的发生、转移和偿付，可以用于贸易中的支付结算和企业短期融资。在传统的电子票据或者纸质票据交易中，交易双方依赖于人民银行电子商业汇票系统（ECDS）的信息交叉认证或者纸质票据的真伪性，都依赖于第三方来确保交易的安全可靠。目前票据市场上不透明、不规范和高杠杆错配等现象引发了诸多风险，多家银行遭受了风险事件。区块链技术的时间戳和全网公开特性将有助于克服一票多卖、电票打款背书不同步等现象，有效克服道德风险；非对称加密算法和分布式高容错性，有助于克服传统中心化系统人为操作的风险；分布式架构有助于改变现有的电子商业汇票系统结构，提升运作效率；通过智能合约和监管节点等设置，借助透明可追溯、带时间戳的数据链，有助于监管的全覆盖和有效控制，降低监管成本。

三、权益证明及交易

区块链技术的不可篡改性和不可抵赖性可应用于权益证明。对于股权、房屋所有权、车辆所有权等权益交易场景，区块链技术是可行的解决方案，能够提供永久性存储的交易记录。权益所有者通过私钥证明对权益的拥有，产权明晰，记录明确，在区块链系统内很方便就能实现权益的对应转让，无需第三方的参与。目前已有金融机构计划以区块链技术为基础设计新一代的金融资产交易平台。

四、保险业

区块链技术被认为能给保险业带来诸多有价值的变化。区块链技术的不可篡改性和全网络共享账本有助于解决信任问题，提高理赔的透明度，同时帮助保险企业反欺诈减少损失。区块链技术下资金流向相对透明，用户信息安全得到保障。智能合约的应用有助于减少操作成本，提高理赔效率，很多险种甚至可以实现全自动理赔。此外，区块链为互助保险模式提供了信任和透明度，有助于在这种更原始的保险模式下让投保人获得更多保费。

五、征信业

我国传统征信市场发展水平有限，面临“信息孤岛”、数据质量差、信用相关度低等诸多问题。而借助区块链技术的征信数据共享交易平台，能够实现数据源不泄露前提下的数据多源交叉验证与共享，有助于重构传统征信系统架构、保障数据真实性、克服数据共享中的造假问题，也有助于打破信用“信息孤岛”，实现数据共享与协作。同时，基于区块链的征信系统有助于实现系统与业务的拓展，有效降低整个征信系统的运营成本。

六、金融审计

区块链技术被认为在金融审计领域具有相当大的应用潜力。区块链技术在数据存储方面的特征保证了数据的真实性和完整性，有助于外部审计人员实现实时审计，提高整体审计效率。同时，区块链技术的时间戳和不可篡改功能，可以降低样本抽样数，减少了审计人员对于金融交易业务审核的工作量，也提高了审计效率。从整体上而言，区块链技术有助于解决审计行业在交易取证、追踪、关联、回溯等方面的难点和痛点。

第三节 各机构开展的应用探索

国内外对于区块链进行场景探索的企业以及覆盖的应用场景都比较多，其中以金融领域占比最大。经梳理发现，国内外各机构对区块链应用的探索呈现以下特点：

一是目前国内各机构对于区块链技术的应用主要还是以研究为主，多为实验室规模或者小范围规模试用，达到生产级别或者商用级别较少。这反映了区块链技术的发展仍然处于初级阶段，或者试验型探索得出的效果仍有待观察。

二是公开报道中对区块链应用整体效果的评估报告非常有限，也没有突出应用区块链技术后暴露出的问题。由于各应用都尚未能实现大规模生产级别应用，其应用环节可能还存在着各种制约性问题。

三是解决方案提供商较为集中，目前来看，不论是国际还是国内，主要由IBM等少数科技公司提供技术解决方案。有较大比例的项目为应用机构和IBM联合开展。特别是在底层技术开发方面，国内各机构很多依赖于国外提供的底层代码。

四是尚未出现公认的最佳应用实践，反映出应用场景的契合选择方面存在困难。在全球众多企业共同研发探索的情况下，高效的场景应用到目前为止仍未出现，反映了区块链技术可能不像之前某些人宣称的“颠覆论”和“万能论”。目前多数场景应用还是属于探索阶段。

表1 国内外部分金融机构对区块链技术的研究应用现状

机构	研究现状
微众银行	联合上海华瑞银行开发的基于联盟型区块链技术的银行间联合贷款清算平台投入试运行，用于优化两家银行“微粒贷”联合贷款的结算和清算。
阳光保险	采用区块链技术作为底层技术架构推出“阳光贝”积分。
招商银行	实现将区块链技术应用于全球现金管理领域的跨境直联清算、全球账户统一视图以及跨境资金归集这三大场景。

续表

机构	研究现状
中国邮政储蓄银行	在资产托管业务场景中，利用区块链技术实现了中间环节的缩减、交易成本的降低及风险管理水平的提高。
中国平安	已经在数个场景探索区块链技术应用，其中资产交易和征信两个场景已经上线并真正开始交易。
浙商银行	基于区块链的移动数字汇票平台。
蚂蚁金服	将区块链应用于慈善捐助场景。
花旗银行	在其创新实验室一直探索“花旗币”（虚拟电子货币）的实验项目，目前已开发了3条区块链，并开始内测。
西班牙对外银行（BBVA)	2015年1月，通过旗下子公司以股权创投的方式参与了Coinbase融资；7月，BBVA宣布将在区块链技术基础上，提出了完全去中心化金融系统的构建设想。
瑞银（UBS）集团	2014年，瑞银就在伦敦成立了区块链金融研发实验室，重点探索区块链在支付、电子货币和结算模式等方面商业银行领域的应用。
桑坦德银行	通过金融技术投资基金InnoVentures进行区块链试验，研究如何将区块链技术应用于传统银行业，目前已发现了20~25种可以使用区块链的场景。桑坦德银行认为，区块链技术或许能实现每年节省200亿美元的国际交易及结算成本。
巴克莱银行	通过“巴克莱加速器”选出了三个区块链相关的初创公司Safello，Atlas Card和Blocktrace开展投资孵化。
纽约梅隆银行	尝试将比特币的点对点模型基础应用到银行系统，并在其员工内部系统中推出BK Coins虚拟货币
Cross River银行等	美国的Cross River银行、CBW银行以及德国Fidot银行，与数字货币公司Ripple Labs合作，以虚拟货币作为媒介，开展跨境汇款服务实验
北方信托	已经运行世界首个私募股权区块链平台

资料来源：根据各公司公开资料整理。

第四节　问题和制约

区块链技术的应用总体上呈现出发展初级阶段的特征，尚未有突出的成功典型案例，反映出区块链的应用还存在诸多的潜在问题和制约因素：

一、技术制约

区块链的“共识算法”、“加密算法”、“智能合约”等核心基础技术领域已经有一些进展，但尚未达到生产级别或工业级别。各种基础平台的技术路径仍然在开发和完善，即使是主流平台像超级账本（Hyperledger）、Corda、以太坊等，也还在继续完善迭代，尚未达到完整商业应用的需求。从技术性能看，目前其自身还存在占用资源多、交易效率和速度不够、确认时间长等技术瓶颈，而金融场景通常是要求大容量和高并发的，目前的区块链技术性能指标尚不能达到。

二、应用场景制约

目前区块链技术尚未有一款应用能爆发或带来根本性改变，显示其在具体场景落地方面可能存在障碍。区块链本身是偏底层的技术，它可能带来新的业务模式，但是区块链技术本身不是具体场景，而是这些场景中的底层支撑。区块链技术具有的分布式、去信任化的特点，可能带来商业模式的变革，但是需要配套制度的配合和具体场景的落地。从某种程度上而言，场景可能比技术本身更重要。

三、风险与安全性制约

一方面区块链技术在安全性和稳定性方面还未达到金融要求，另一方面区块链带来的创新模式可能带来新的风险。安全性和稳定性可以说是区块链技术应用面临的首要问题。比如，2014年就发生了Mt.Gox平台被盗破产事件，2016年也有The DAO被劫持事件。虽然有专家解释称，这些被盗事件源于平台“监守自盗”或基于区块链技术的二次开发存在安全漏洞，而非区块链本身遭到破解，但这些事件无疑暴露出区块链技术目前在应用层面上还有待提高，代码安全审查机制还不够完善。

四、法律和监管制约

区块链技术可能带来一些新的商业模式，包括去中心化商业下的责任主体缺失模式，一个商业闭环下可能没有中心组织方。对于这些新型的商业模式，相应法律界定和监管制度建设还相对滞后，导致相关经济活动可能缺乏必要的制度规范和法律保护，增大了市场主体的风险。

第五节　趋势与展望

区块链技术及其推动下的金融变化正在悄然发生，有的发生在金融机构的创新实验室，有的发生在非核心的业务场景中，有的发生在科技企业的商业探索里，各从业机构以自己的方式摸索着这个新生技术及其创新逻辑带来的潜在变化。未来区块链研究者和推动者应注重以下几个转变。

在应用场景层面，要注重四个方面转变：一是从单一到综合的转变，注重推动同类场景的综合化研究，扩大社会经济效应和适用范围；二是从优化到重构的转变，目前更多场景试验是在做优化，未来需要从更高层面上考虑整个技术体系甚至商业体系的重构；三是从信息流到价值流的转变，处理信息流相对简单，而处理价值流或资产流会有更多更高的要求；四是从替代到不可替代的转变，目前区块链应用主要是寻求对现有系统的功能替代，未来应达成的目标是在特定功能领域区块链难以被其他技术或系统所替代。

在区块链技术层面，也要注重五个转变：一是从便捷性到可靠性的转变，更高的保密性要求会影响系统效率，未来要在便捷性、可靠性和支持速率之间达到动态均衡；二是从隐私保护到金融安全的转变，现在考虑更多的是隐私保护，但从国家层面看，未来需进一步考虑金融安全问题；三是从应用技术到底层核心技术的转变，现在更加注重应用层面的创新，未来要更加重视底层核心技术研发、基础环境设计等方面的突破；四是从技术创新到自主知识产权的转变，未来要更加重视信息化时代关键技术和核心技术的自主可控；五是从技术标准到技术法规的转变，在组织开展区块链金融应用标准化研制工作的基础上，要进一步争取适时形成覆盖区块链金融应用的法律法规体系，填补制度空白。

专题4　互联网金融风险教育

2016年4月，国务院部署开展了互联网金融风险专项整治工作，按照问题导向、分类整治、综合施策等原则，加快清理行业“害群之马”，有效规范经营行为，其中明确要求开展风险教育，加强政策解读及舆论引导，用典型案例教育群众，提高投资者风险防范意识，还互联网金融一个健康有序的发展环境。

第一节　互联网金融风险教育的重要意义

互联网金融一方面通过技术创新，使得交易各方信息传播、获取与交互更加方便、快捷、安全；另一方面并没有改变金融风险的隐蔽性、传染性、突发性和较强的负外部性的特征。具有合规意识和风险意识的从业人员，以及具有基本金融知识和正确投资观念的社会群体，是互联网金融规范健康发展的基础和保证。

一、面向从业机构和从业人员的风险教育势在必行

互联网金融快速发展过程中暴露出来的问题和风险隐患，最终落地解决还需要从业机构提高认识，规范运行，合法经营。互联网金融业态众多、模式各异、创新速度快，金融风险复杂性、多样性特征明显，不同从业机构在业务操作、系统运维、产品定价、合同文本、合格投资者认定等方面标准化、规范化程度较低。部分从业机构积累的风险敞口较大，转型难度高，如果无法平稳退出，可能引发社会问题和金融风险。

开展面向从业机构和从业人员的风险教育，有利于引导从业机构提高法律意识、风险意识和风控水平，推动从业机构知法、懂法、守法，开展合规经营，不触碰法律的底线、红线。

二、面向投资者和消费者的风险教育需求迫切

互联网金融面向的“长尾”投资者多数风险意识淡薄，“投机”意识较强，只看“收益”不看“风险”、只看“平台”不看“项目”，“刚性兑付”情结严重，盲目将不同资产收益与商业银行存款、货币市场基金等低风险基础资产收益进行对比，加剧了行业整体风险。

开展面向投资者和消费者的风险教育，可以丰富互联网金融投资者和消费者相关知识积累，提高辨识风险能力，将风险认知与承受置于投资、消费行为前，最大限度降低纠纷，有效促进投资者和消费者理性投资、理性消费。

第二节　互联网金融风险教育遵循的原则和要求

除由人民银行、各金融监管部门和各地人民政府金融管理部门组织开展的金融风险教育活动外，针对互联网金融行业开展的风险教育是中国互联网金融协会（以下简称协会）承担的国务院关于互联网金融风险专项整治的重要任务之一，也是协会履行行业自律管理的重要职责之一。协会认真贯彻《关于促进互联网金融健康发展的指导意见》和国务院关于互联网金融风险专项整治的精神，积极开展互联网金融风险教育，推进互联网金融风险教育体系建设，促进互联网金融规范健康发展。

一、指导思想

全面贯彻落实党中央、国务院决策部署，遵循“鼓励创新、防范风险、趋利避害、健康发展”的总体要求，从金融业健康发展全局出发，形成包括对象、目标、内容、形式等在内的互联网金融教育培训体系，积极开展从业人员教育培训、投资者和消费者教育，为互联网金融规范健康发展提供知识基础和人才支撑，营造健康有序的互联网金融发展环境。

二、基本要求

坚持围绕中心，服务大局。切实发挥互联网金融支持大众创业、万众创新的积极作用，围绕互联网金融发展的中心和前沿，专项教育与日常培训相结合，将行业监管和风险防控的要求寓于教育培训，将互联网金融知识的普及寓于教育培训。通过社会大众普及教育，培养合格的投资者和消费者，营造良好的互联网金融发展环境。

坚持分类分级，按需施教。紧紧围绕提高从业机构的竞争力和从业人员的综合素质，契合互联网金融行业发展的实际需求。以需求为导向，紧扣不同业态、不同类型、不同层级的差异化需求，分类分级开展培训，普及教育与技能培训相结合。

坚持问题导向，注重实效。从认识问题起步，关注互联网金融领域的突出问题，抓住制约互联网金融发展的主要矛盾和矛盾的主要方面，以点带面，做到纲举目张，抓出成效。创新教育培训的理念、内容和方式，不断拓展教育培训平台，丰富教育培训渠道，提高培训针对性、实用性和有效性。

第三节　从业机构和从业人员风险教育开展情况

2016年，协会积极开展互联网金融从业机构风险教育，促进互联网金融规范健康发展。全年累计开展风险教育和政策解读主题培训7期，培训从业机构1 000余家次，培训范围覆盖互联网金融全部业态，并拓展到包括非会员单位在内的从业机构。

一、举办“学习政策法规，防范金融风险，规范互联网金融发展”培训班

2016年1月，中国互联网金融协会筹建组在京举办“学习政策法规，防范金融风险，规范互联网金融发展”培训班。中国人民银行原副行长、中国互联网金融协会筹建工作领导小组组长李东荣出席并做开班动员讲话，来自全国人大财经委、中央网信办、人民银行、银监会、证监会、保监会等单位的相关领导和专家学者出席培训班并进行专题

授课。本次培训是协会贯彻落实《关于促进互联网金融健康发展的指导意见》精神，组织相关成员机构学习法规，为规范互联网金融发展发挥作用的具体举措。来自全国各省市，覆盖银行、证券、基金、期货、保险、信托、资产管理、消费金融、征信服务、融资担保、研究教育、金融基础设施、金融信息化服务以及互联网支付、投资、理财、借贷等多种业态的400多家单位的高管参加了本次培训。

二、以风险教育为主题举办三期互联网金融从业机构高管系列培训班

分别于2016年5月、7月、8月在北京举办了三期互联网金融从业机构高管系列培训班。培训班以风险教育为主题，围绕互联网金融监管、法律合规、风险控制、违法犯罪形势等邀请专家授课，促进从业机构熟悉、遵守互联网金融政策法规和自律管理规范，引导从业机构提高法律意识、风险意识和风控水平，知法、懂法、守法，开展合规经营，不触碰法律的底线、红线。其中，第一期面向非会员单位，第二、三期面向会员单位，累计培训从业机构450余家。系列培训班的举办，是协会配合国家开展互联网金融风险专项整治，加强互联网金融风险教育的重要举措，得到了人民银行的高度肯定和大力支持，也得到了从业机构的积极参与。

三、以政策权威解读为主题举办三期“互联网金融发展政策解读”高级研修班

2016年下半年，《网络借贷信息中介机构业务活动管理暂行办法》、《互联网金融风险专项整治工作实施方案》及相关配套文件陆续发布，对加强互联网金融管理，促进互联网金融健康发展具有重要影响和意义。广大从业机构对此十分关注，希望得到专业和权威的解读。针对从业机构的培训需求，协会分别于2016年9月、11月、12月，面向会员单位举办三期 “互联网金融发展政策解读”高级研修班。研修班以政策方案权威解读为主题，邀请政府监管部门专家、高校资深学者和行业专业人士进行权威解读和业务分析，并针对方案和政策落地实施中从业机构所关注的问题进行释疑，让从业机构掌握和熟悉行业相关政策法规和监管框架，推动从业机构合规发展。研修班充分考虑从业机构

的需求，搭建从业机构与监管部门之间沟通的桥梁，得到了从业机构的热情参与和积极评价，累计培训从业机构220余家。

四、编写出版《P2P网贷平台相关法规汇编及案例精选》

网络借贷中介机构是风险高发领域，为了向从业机构揭示潜在风险，提供风险管控解决方案，通过法规梳理、以案说法的方式，为会员机构提供公益性法律咨询服务。

第四节　投资者和消费者风险教育开展情况

为帮助投资者和消费者了解互联网金融的特点和风险，树立正确的投资、消费理念，提高识别信息、防范风险、维护权益的意识和能力，营造良好的互联网金融发展秩序和环境，协会按照普惠性、实用性、有效性的原则，充分发挥协会自身优势和平台作用积极开展互联网金融投资者和消费者风险教育。

一、利用各类平台发声，宣传解读行业政策，引导市场健康发展

2016年，协会官方网站及微信公众号上线。截至2016年底，官方网站累计访问量已超过千万人次，微信公众号关注人数已达2万多人。2016年11月，协会成功承办第三届世界互联网大会“互联网+普惠金融”论坛。此外，协会在2016年还参加了两岸金融合作研讨会、中国金融论坛钱塘峰会、国际金融论坛年会、博鳌金融创新峰会、普惠金融国际论坛等重要活动，营造诚信规范的行业发展氛围和舆论环境。

二、多渠道加强投资者和消费者风险教育

协会在官方网站开设投资者教育专栏，发布互联网金融基本知识、风险教育专题文章等，充分利用官方网站开展互联网金融普及教育。根据国务院领导对协会提出的关于加强投资人金融风险知识普及教育的要求，协会与《金融时报》、《中国证券报》等权威媒体合作，分别开辟“共促互联网金融规范发展”、“互联网金融投资者风险教育”

两个专栏，刊发来自监管部门、研究机构、从业机构的知名专家学者的16篇专栏文章，帮助广大金融消费者提高风险防范意识。

三、上线互联网金融举报信息平台，建立风险举报信息协同处理机制

按照国务院统一部署，协会快速建设并上线用于采集互联网金融行业违法违规行为信息的举报信息平台，建立举报信息协同处理机制，定期统计和分析举报信息。截至2016年底，共收到举报信息及线索2 000余条，切实发挥了及时掌握违规线索、监测风险暴露苗头和促进社会监督的作用。

四、配合风险专项整治做好政策宣传

协会组织部分地方自律组织和代表性从业机构进行座谈，统一思想认识，传达学习国务院和人民银行相关会议文件精神，共商行业自律管理工作思路，推动各级自律组织在配合风险专项整治、促进行业规范发展、开展投资者和消费者风险教育等方面发挥积极作用。

专题5　互联网金融行业信用建设

行业信用建设的发展和完善是我国互联网金融行业不断走向成熟的重要标志之一。近年来，我国互联网金融行业信用建设取得了积极进展，在中国人民银行等部委的大力推动下，国家相继出台了系列法规政策，为互联网金融行业信用建设奠定了初步法律基础，2016年9月，中国互联网金融协会从行业层面建立信息标准并推动建设信用信息共享平台，发挥了积极的导向作用。同时，在互联网金融业务蓬勃发展的背景下，市场信息服务机构顺应市场需求积极建立信息平台并提供服务，成为互联网金融行业信用建设的重要推动力量。

第一节　互联网金融行业信用建设概述

一、概念界定

互联网金融行业信用建设是一种社会治理机制和市场规范，是社会信用体系建设的重要组成部分，目的在于促进互联网金融领域内企业和个人的自律，以形成有效的市场约束，服务于互联网金融行业的健康发展。信用环境和信用生态建设是金融行业乃至整个经济发展的基础与前提，互联网金融行业信用建设从一定意义上讲是互联网金融行业发展的基石。

互联网金融行业信用建设包括三个基本内容，首先是建立相对完善的信用法律、法规体系，包括政策保障与推动、规范信用信息服务机构及涉及主体的行为，提高公共信用信息服务和信用市场监管水平等等，为信用建设工作规范有序发展打下坚实的基础。二是逐步推进建立和完善信用信息共享机制，加快信用信息系统建设，建立互联网金融市场主体信用记录，健全失信惩戒和守信激励机制。三是培育和发展互联网金融领域信用服务机构，形成行业信用建设发展的市场源动力，充分调动市场自身的力量净化环境，降低发展成本和发展风险。

二、推进互联网金融信用建设的行业和市场需求

互联网的“虚拟性”使得信用风险信息的不对称问题日益突出。当前我国互联网金融融资主体信用信息不易获取，多数债务人并没有以全面、真实、专业、规范、及时的信息披露向债权人表达自身的偿债能力与偿债意愿，使得网络贷款平台不得不选择线下信用认证模式，背离了互联网金融低成本的经营理念。而融资主体信用信息不透明，更是增加了网络欺诈的可能性。部分平台以高息和短标敛财，实际控制人建立多个关联平台，未经必要风险管控程序就将大额“坏标”和“差标”上线，成为当前我国互联网金融类投诉焦点。因此，从行业发展角度讲，互联网金融信用建设亟待加快推进。

风险管控是互联网金融行业健康发展的关键，健全的信息服务能够最大限度减少道德风险与逆向选择事件发生的概率。一方面，互联网金融的用户大多是具备“长尾”特征的网络用户，且由于行业机构间缺乏信息数据的沟通和交流，致使“一人多贷”重复借款现象突出，每个互联网金融机构均连带面临着巨大信用风险。另一方面，由于交易个体信息不对称，最终导致市场无法识别债务人的真实偿债能力，债权人与债务人之间往往只能通过类似本息保障等承诺建立信用关系，这种泡沫化的信用关系是相当脆弱的，当数量达到一定程度后，必然会引发互联网金融的信用危机。因此，互联网金融机构个体对信用风险管理和推进互联网行业信用建设有着强烈的市场需求。

三、现实意义与作用

（一）防范互联网金融行业运行风险

风险管控是互联网金融行业健康发展的核心内容。互联网金融行业信用建设通过信用信息的共享和互联，为互联网金融各参与市场主体提供评价和展示信用的平台，多角

度反映市场业务风险，为互联网金融风险防控提供基础支撑。以客户位置真实性风控为例，实地调查成本高企，且效率低下，对于互联网金融领域的小微金融，可以采用地址搜索技术获取客户自填居住或工作地址的大致经纬度，通过地理信息技术与其在使用某些互联网产品时留下的常见位置经纬度相比较，可以验证客户自填居住或工作地址的真实度。因此，互联网特有的信息数据优势，在获得客户授权的前提下，可以辅助解决互联网金融固有的风控痛点。

（二）优化互联网金融生态环境

信用机制是维系市场有序运行的长效机制。互联网金融从运行机制上讲是一种标准的契约经济，而信用则是维持契约经济有效运行的基本前提和保障。近年来，一些互联网从业机构偏离正确的创新方向，有些甚至以创新为掩护从事非法集资等非法金融活动。这些伪金融创新不仅扰乱了市场秩序，损害了金融消费者利益，还造成了“劣币驱逐良币”的效应。整顿和规范市场秩序，不能仅仅依靠行政执法、道德强化和突检严打等手段来解决，必须通过规范市场经济规则和相应的制度建设来实现。互联网金融行业信用建设通过建立健全完善的信用约束机制，减少信息不对称，便于识别市场不良从业机构和交易主体，有利于互联网金融从业机构回归理性，对构建健康的互联网金融生态具有深远意义。

（三）促进整体社会信用体系建设的发展

互联网金融行业信用建设具有不可忽视的社会价值和金融价值。一方面，互联网金融领域作为目前经济社会发展的前沿领域，拥有广泛的市场主体和参与主体，通过行业自律组织或者商业信息服务机构组织信息共享，完善失信行为信息记录和披露制度，提高失信者的市场交易成本，可以使参与经济主体主动提高信用意识，有助于形成良好的社会信用氛围。另一方面，利用互联网留痕对信用判断能够较好的发挥补充作用，满足网络借贷、第三方支付及互联网保险等互联网金融新业态身份识别、反欺诈、信用评估等多方面信息服务需求，提供差异化的信息覆盖度，将对央行征信中心金融信息基础数据库起到重要的补充作用，从而从核心层面推进全社会信用体系建设。

第二节　互联网金融行业信用建设发展情况

一、国家在政策制度层面大力推进行业信用建设

征信是行业信用体系建设的核心。自2013年起，我国陆续颁布了一系列法律法规，为信用建设的顺利推进构建起法律制度框架。2013年国务院发布《征信业管理条例》，成为我国首部征信业法规，也是我国信用法制建设的基石，同年底中国人民银行出台《征信机构管理办法》。2014年国务院印发《社会信用体系建设规划纲要（2014—2020年）》，指出要发挥行业、地方、市场的力量和作用，加快推进信用信息系统建设，完善信用信息的记录、整合和应用，是形成守信激励和失信惩戒机制的基础和前提。

2015年7月，中国人民银行等十部门发布《关于促进互联网金融健康发展的指导意见》，提出推动信用基础设施建设，培育互联网金融配套服务体系，发挥行业协会（商会）在行业信用建设中的作用，建立行业信用信息数据库，建立信用信息交换共享机制，加快推进行业间信用信息互联互通，为会员企业提供多层次、全方位的信用信息服务。同年，国务院印发《促进大数据发展行动纲要》、《关于运用大数据加强对市场主体服务和监管的若干意见》，其中最引人注目的就是开放政府数据和推动产业创新，这是我国第一次把发展大数据上升为国家战略，对推进落实 “互联网+”国家战略具有重要意义。2015年底，中国人民银行下发针对个人征信机构、企业征信机构以及金融信用信息基础数据库运行机构的《征信机构监管指引》。2016年6月，国务院发布《关于建立完善守信联合激励和失信联合惩戒制度加快推进社会诚信建设的指导意见》，提出构建政府、社会共同参与的跨地区、跨部门、跨领域的守信联合激励和失信联合惩戒机制，促进市场主体依法诚信经营，维护市场正常秩序，营造诚信社会环境。2016年12月，国务院办公厅发布《关于加强个人诚信体系建设的指导意见》，提出加快推进个人诚信记录建设、完善个人信息安全、隐私保护与信用修复机制、规范推进个人诚信信息共享使用、完善个人守信激励和失信惩戒机制。

国家在行业信用建设方面出台的系列政策法规，成为互联网金融行业信用建设制度机制层面的框架，并将逐步构成系统化、全面化的信用法律体系，有利于在互联网金融行业形成良好的信用约束和信用激励氛围，有力促进了互联网金融行业信用建设的健康、可持续发展。

二、行业自律组织引领推动行业信用建设

（一）推进互联网金融行业信用信息共享标准建设

2016年7月6日，中国互联网金融协会、中央网信办联合多家机构签署《网络诚信自律承诺书》，要求共同参与网络信用信息标准体系建设，完善网络信用信息共享机制，推动交流合作，携手打造“诚信互联网”。

为深入推进行业信用建设，中国互联网金融协会积极推进行业信用信息共享团体标准，在深入研究《欧盟〈通用数据保护规则〉解读（2016版）》、充分借鉴国内传统金融征信标准的基础上，针对互联网金融业务种类繁多，应用场景多样的特点，协会与多家从业机构进行深度业务交流，组织22家从业机构进行试报送，对行业数据质量进行分析。中国互联网金融协会以“简单、透明、高效”为原则，统一了业务口径，制定了三类团体标准：一是制定互联网金融个人债权融资类业务的信用信息共享标准，以“最小够用”为特征的标准得到了会员机构的认可；二是编制互联网金融行业的违约定义，用以向互联网金融从业机构提示高风险客户，该标准在参考国内外相关标准的基础上，深度结合了互联网金融高频、小额等特点，更具针对性，填补行业空白；三是编制互联网金融“疑似名单”分类，主要包括提供虚假身份证明、虚假的申请材料、第三方诈骗等。

（二）建设互联网金融行业信用信息共享平台

2016年9月9日，中国互联网金融协会组织建设的“互联网金融信用信息共享平台”正式开通，协会与首批接入会员单位集中签署了《中国互联网金融协会互联网金融服务平台信用信息共享合作协议》。

平台以对等原则建立数据中心，会员机构之间权利和义务对等，在履行报送义务的同时享有查询共享信息的权利。同时，根据互联网金融业务的特点和风险控制要求，

有针对性地进行数据采集、处理，按照统一的数据规范为会员机构提供共享查询服务，并且为最大限度地保护会员机构的商业秘密和客户资源，共享查询结果中屏蔽了数据来源信息。除了提供会员机构间的信用信息共享服务外，中国互联网金融协会还与第三方信息提供机构合作，为会员机构提供所需的其他信用信息服务。在信用信息安全管理方面，协会重点关注平台接入和网络安全问题，增加了数据报送和查询的监控功能等。截至2016年底，信用信息共享平台共收录635万自然人信息，合计1 172万条个人债权融资类业务记录，收录个人债权融资类账户累计约660万个，余额为1 150亿元。从业务种类看，网络小贷账户最多，约250万户，消费金融账户最少，约104户。

三、市场信息服务机构助推互联网金融行业信用建设

（一）市场机构自主组织建立互联网金融同业共享数据信息平台

信用信息服务机构以合作制或会员制的方式与互联网金融从业机构开展合作实现数据共享，并开发、建设信息共享系统，从相关合作机构获取借贷两端客户的个人基本信息、贷款申请信息、贷款开立信息、贷款还款信息和特殊交易信息等客户数据信息，一般涵盖借款主体在网贷平台从申请、合同订立、合同执行的全生命周期的行为记录。在此基础上，信用信息服务机构对数据进行整理、加工和分析归类，然后提供给市场从业机构，通过这种有效的信息共享，帮助市场从业机构更全面地了解授信对象，防范借款人多头借贷、恶意拖欠、骗贷等信用风险。从市场实践来看，这类信息服务机构所采集的信息主要来自网络借贷机构。

（二）互联网电商、金融平台等机构强化自身集团信息数据整合和应用

从一定意义上讲，互联网金融就是数据化金融，互联网电子商务企业依托社交网络、电商交易、第三方支付、朋友圈、聊天记录等，进行各种数据的采集分析，包括客户属性、网上交易记录、社交网络信息、手机的使用情况和位置数据等，客观上形成了数据信息服务的基础。目前国内以芝麻信用、腾讯征信等机构为代表的数据信息服务机构依托机构自身或所在集团系统电商平台或金融平台产生的数据信息，并引入政府及事业单位、金融机构、社交平台、搜索引擎等对外公布的数据，个别数据信息服务机构通过协议和共享的方式从公共部门获取的数据，例如社保缴纳、公共事业费用、通信费用

缴费记录等数据，开展大数据整合和应用。数据信息服务机构通过数据模型将上述信息进行归类整合并进行系统分析，一方面，用作自身业务拓展以及与其他机构合作中的风险控制、信用评估。例如阿里巴巴利用其庞大的客户群体资源，跟踪、采集和整合客户在网上交易的行为数据，按照一定信用评级系统和数据模型做出综合信用评估，将评估结果提供给旗下的蚂蚁小贷，成为其做出信贷决策的重要参考系数。另一方面，向其他公司、组织机构有偿提供系统内信息数据，其产品应用除了为P2P网贷机构、银行信用卡等提供信贷审查，还在反欺诈等信息服务方面进行了探索。

在互联网金融行业信用建设推进过程中，会员制的信息共享平台及服务比较鲜明的特征是独立于市场交易主体的第三方，有利于实现互联网金融从业机构之间的信息共享，在一定程度上为互联网金融从业机构解决了风险管控和信用评估问题，提高互联网金融的违约成本，降低行业总体经营风险，为互联网金融行业信用体系建设提供有力的支持。而以集团大数据整合和多维度数据分析为特征的互联网数据信息服务机构利用先进的数据挖掘、分析技术开展数据信息服务，较好的促进了互联网金融行业信用氛围的形成。整体来讲，市场机构的积极参与成为互联网金融行业信用建设发展的有益补充。

第三节　行业信用建设的主要问题与挑战

一、行业信用建设中信息主体权益的保护有待加强

开放性是互联网的重要特性之一，这使互联网信息数据的获取便捷并且成本很低，也引出了互联网信用建设中数据信息的两个问题。一是信息数据采集、整合和使用的合法合规问题。例如互联网金融机构利用其现有账户体系及锁定的客户资源，可以在客户不知悉的情形下获取其数据信息，使用用户数据，或将其提供给互联网信息服务机构。同时，基于新兴技术，部分互联网信息服务机构可以对互联网信息进行深度挖掘和整合，并且存在通过爬虫技术获取数据信息的现象，这不可避免地会采集到一部分人群的

病史、指纹、基因等敏感信息和不动产登记信息、金融财务交易等个人隐私信息。二是数据信息保存的安全性问题。数据信息的保存需要依赖高科技，借助于数字化设备，而电子化保存的数据都有在不同程度上被泄露的可能性，容易受到来自网络黑客和病毒的攻击，信息安全领域的技术风险凸显。从目前部分互联网机构发生的信息安全门、信息泄露事件来看，这些事件的发生并非是偶然的，对个人隐私和客户权益保护构成了重大威胁，而且网络风险的扩散性和破坏性更大。

二、行业信用信息的互联共享亟待跟进

当前，互联网金融行业信用建设稳步推进，但不同市场机构间信息数据的共享与交换仍差强人意。一方面，由于涉及企业的客户资源等核心竞争力，在没有建立起相应的利益激励机制的情况下，大多互联网金融企业不愿共享数据库。例如，部分信息服务机构建立了小额信贷行业信息共享服务平台，但由于涉及时间、技术、资金成本问题，多数从业机构在提供数据方面持有保留态度，导致平台的覆盖面和数据积累比较有限，不能有效发挥风险防控的作用。另一方面，由于存在竞争，数据信息服务机构彼此之间的共享也十分有限，造成行业信用建设中数据分散，有限的若干数据信息服务机构之间的信息数据库之间也彼此封闭，共享和互联不足。

信息的共享是信用建设的基础环节，目前国内的互联网信息服务机构有的偏重交易，有的偏重社交，有的偏重电商、支付等互联网金融数据的积淀，有的依托所在集团偏重传统金融业务数据的积淀，不同企业需要互相合作，打通数据通道，只有在信息的充分交换和共享基础上，才能为互联网金融行业各市场主体提供对称的信息环境，促进互联网行业信用建设的发展。

三、大数据应用的准确性和可靠性需进一步验证

大数据的应用为互联网金融信用建设注入全新动力，充分利用大数据、先进IT技术可以将碎片化的局部信息整合为有价值的全局信息。在我国互联网金融行业信用建设过程中，互联网信息服务机构以互联网应用人群为主体，数据采集范畴突破金融属性，根据来源于互联网服务过程中生成的行为数据，为信息主体建立档案并进行画像。

但需要注意的是，足够精确的画像需要建立在多方数据合作之上，数据的完整程度越高，画像的效率和精确程度才越高。另一方面，大数据模型和算法在技术上尚未成熟，需要在大量实践中不断优化和调整，大数据画像准确性和可靠性需要时间和实践来检验。从目前来看，互联网信息服务机构大多以拥有海量数据自居，画像种类五花八门，例如部分信息服务机构将社交信息等纳入评价体系，并将产品应用于互联网金融业务。但社会公众对以这些数据为基础的产品持怀疑态度，因为这些行为数据偏离了原有的领域，对即将发生的借贷业务并无直接因果关系。从这一角度来说，抛却数据的完整性不说，准确地定位所服务的领域也是画像成败的关键。

第四节　行业信用建设的发展趋势与展望

一、信用建设中的个人信息保护将持续加强

互联网金融信用数据往往涉及个人隐私和商业机密，敏感性高，个人信息的保护将会进一步加强。从国外立法实践看，美国的《公平信用报告法》、英国的《消费者信用法》、《数据保护法》均是保护个人信用信息最重要的法律，同时也促进了本国良好信用秩序的确立。随着我国互联网金融行业信用建设的不断深入推进，针对个人信息保护的立法需求将更加迫切，从而在立法层面建立起信息安全和数据管理的制度框架，确立信息服务机构的行为边界及相应的惩戒措施，保证信息依法合规被征集使用。

根据国际经验，个人信息保护法规势必遵循公开性、限制性、数据质量、责任与安全、个人信息权利保护五大原则，禁止个人信息被秘密处理、个人信息数据库要坚持服务特定目的，在最少必须原则下收集和处理。数据服务机构必须承担个人信息保护的主要责任，升级网络信息安全技术，将更多的数据标记和追踪手段应用于信息安全防护，避免信息在存储、传递、使用、销毁等过程中泄露，保障大数据时代信用信息主体权益不受侵害，信息主体的知情权、查询权、异议与纠错权等要得到充分保障。

二、行业信息标准化进程将进一步提速

信息共享的前提是数据标准化。集合不同渠道不同性质的数据，若不以标准化为规则，数据的可加性和可比性就得不到保障，在这种情况下的信息共享，可靠性和可信性就无法保证。互联网技术的快速发展以及互联网金融的兴起，使互联网企业累积了海量的用户信息数据，不少机构都在不同程度或是不同经营环节中从事着互联网数据信息服务，按照各自的口径或标准采集与运用信息数据，不同的数据标准影响了数据的整合速度和进程。整合起来的数据或者能够随时整合的数据才能称为真正意义上的大数据。根据互联网大数据的功能属性，在理论上应有不同的互联网机构参与大数据服务，且这些互联网企业之间，应可兼容、可共享。统一的信息采集和发布标准是实现信用信息整合共享的前提和基础。美国征信市场能够在20世纪70年代获得迅速发展，先进网络技术的普及以及数据标准化工作功不可没。2016年，中国互联网金融协会以会员制为基础组织建设了中国互联网金融行业信用信息共享平台，并在互联网金融信用信息共享标准方面进行了有益的探索。可以预见，为加速互联网金融行业信用建设，这项基础性的工作必将提速开展。

三、行业信息服务产品应用场景将不断丰富和深化

互联网金融行业信用建设大背景下，互联网数据信息服务机构的信息服务范围不断拓展，除金融领域外，在市场营销、反欺诈等方面也具有良好的应用表现，从趋势来看，随着法规的逐步健全，这种探索无疑会继续并且规范开展。并且随着人工智能、心理测算等技术的发展，在传统建模技术的基础上采用机器学习建模技术，结合金融交易行为数据，对信息主体的信用评估将更加精准。同时，在金融领域应用将进一步深化，个人与小微企业融资的信用信息服务将成为互联网信息服务机构的优势领域，主要基于电商数据平台崛起后银行的资金和数据被分流，大部分商品交易信息转移至电商，需要交易信息支撑的小微信贷和消费信贷对于传统银行等金融机构来讲往往难于开展，体现为个人和小微融资风险较高，例如银行近几年发生的不良贷款很多来自小微、商贸领域，因此往往授信条件都附加房产抵押等比较严格的增信条件，导致这部分融资需求尚

无法完全满足。契合个人和小微融资“数量多且金额小”的特点，在互联网金融行业信用建设的发展中，互联网信息服务机构未来通过电商数据的归集、整理和加工恰恰会弥补这部分短板，解决信息不对称，无论对于互联网金融机构，还是对于商业银行等传统金融机构来讲，互联网金融行业数据信息服务产品势必在这方面在提供有力支撑。

2016年互联网金融大事记

1月27日，中共中央、国务院发布《关于落实发展新理念加快农业现代化实现全面小康目标的若干意见》（中发〔2016〕1号）。该意见指出，加快构建多层次、广覆盖、可持续的农村金融服务体系，发展农村普惠金融，降低融资成本，引导互联网金融、移动金融在农村规范发展，强化农村金融消费者风险教育和保护，切实防范农村金融风险。

1月29日，中国互联网金融协会筹建组在京举办了“学习政策法规，防范金融风险，规范互联网金融发展”培训班，中国人民银行原副行长、中国互联网金融协会筹建工作领导小组组长李东荣出席并做开班动员讲话，并用“学法规、防风险、促发展”九个字总结了行业发展的核心要义。来自全国人大财经委、中央网信办、“一行三会”等单位的领导和专家学者出席培训班并进行专题授课。

3月5日，李克强总理在党的第十二届全国人民代表大会第四次会议上作的政府工作报告中指出，要规范发展互联网金融，互联网金融第三次被写进政府工作报告。

3月24日，中国人民银行、银监会联合发布《关于加大对新消费领域金融支持的指导意见》（银发〔2016〕92号）。该指导意见指出，大力发展消费金融市场，从积极培育发展消费金融组织体系入手，加快推进消费信贷管理模式和产品创新，加大对新消费重点领域金融支持，同时，改善优化消费金融发展环境等方面提出一系列细化政策措施。

3月25日，经党中央、国务院同意，民政部批复，中国互联网金融协会成立暨第一次会员代表大会在上海市召开。中国人民银行副行长潘功胜、上海市市长杨雄出席会议并为协会揭牌。会议表决通过了《中国互联网金融协会章程》、《中国互联网金融协会自律公约》等5项基础制度，选举产生了第一届理事、监事、常务理事单位和协会领导，原中国人民银行副行长李东荣被推选为首任会长。协会的成立标志着中国互联网金融行业将进入规范发展的新阶段。

4月13日，教育部办公厅和银监会办公厅联合发布《关于加强校园不良网络借贷风险防范和教育引导工作的通知》（教思政厅函〔2016〕15号），该通知要求加大不良网络借贷监管力度，教育和引导学生树立正确的消费观念，普及金融、网络安全知识，加大学生资助信贷体系建设力度。

4月19日，中国人民银行发布《非银行支付机构分类评级管理办法》，确立了非银行支付机构分类监管机制。

5月4日，工商总局印发《2016年网络市场监管专项行动方案》的通知（工商办字〔2016〕87号），方案提出，5~11月全国工商、市场监管部门深入开展2016年网络市场监管专项行动，将对互联网广告市场持续严管严控，严厉查处虚假违法互联网广告。充分发挥整治虚假违法广告部际联席会议作用，加强部门间的协调沟通、信息共享和执法协作，开展互联网金融广告专项整治。

6月15日，中国互联网金融协会成立区块链研究工作组。研究工作组的主要工作目标包括：构建区块链研究网络，规划建设区块链基础实验平台，形成高水平的研究成果，培育高层次、复合型专业人才。

7月1日，《非银行支付机构网络支付业务管理办法》（中国人民银行公告〔2015〕43号）正式实施。

7月4日，工商总局发布《互联网广告管理暂行办法》（国家工商行政管理总局令〔2016〕87号）。该《办法》是对新《广告法》的细化，是首部全面规范互联网广告行为的部门规章。

7月15日，银监会发布《中国银行业信息科技“十三五”发展规划监管指导意见（征求意见稿）》。提出大力发展“互联网+普惠金融”，构建银行业互联网金融生态圈。

7月17日，中共中央办公厅、国务院办公厅印发《国家信息化发展战略纲要》（中办发〔2016〕48号）。《纲要》提到，“引导和规范互联网金融发展，有效防范和化解金融风险”。

8月14日，银监会发布《网络借贷资金存管业务指引（征求意见稿）》。提出“存管银行不应外包或由合作机构承担，不得委托网贷机构和第三方机构代开出借人和借款人交易结算资金账户。”

8月17日，住建部、发改委、工信部、人民银行、税务总局、工商总局、银监会七部门联合印发了《关于加强房地产中介管理促进行业健康发展的意见》（建房〔2016〕168号）。意见要求，房地产中介机构不得提供或与其他机构合作提供首付贷等违法违规的金融产品和服务，提供住房贷款代办服务的，应由委托人自主选择金融机构。

8月17日，银监会、工信部、公安部、国家互联网信息办公室联合发布《网络借贷信息中介机构业务活动管理暂行办法》（银监会令〔2016〕1号）。规定了网络借贷信息中介机构的十三项不得从事或接受委托从事的活动。规定网贷借贷金额应以小额为主，并明确划定了借款人的借款余额上限。

9月9日，按照人民银行等十部委发布的《关于促进互联网金融健康发展的指导意见》（银发〔2015〕221号）中关于推动机构之间的业务交流和信息共享的要求，中国互联网金融协会正式开通“互联网金融行业信用信息共享平台”。

10月13日，国务院办公厅印发《互联网金融风险专项整治工作实施方案》（国办发〔2016〕21号）。按照该实施方案的分工部署，中国互联网金融协会开通“互联网金融举报信息平台”及微信公众号举报功能。

10月13日，工商总局等十七部门联合印发《开展互联网金融广告及以投资理财名义从事金融活动风险专项整治工作实施方案》的通知（工商办字〔2016〕61号）。规范互联网金融广告及以投资理财名义从事金融活动的行为，防范化解潜在风险隐患。

10月13日，人民银行等十四部门联合印发《非银行支付机构风险专项整治工作实施方案》的通知（银发〔2016〕112号）。一方面是开展支付机构客户备付金风险和跨机构清算业务整治；另一方面是开展无证经营支付业务整治。

10月13日，人民银行等十七部门联合印发《通过互联网开展资产管理及跨界从事金融业务风险专项整治工作实施方案》的通知（银发〔2016〕113号）。旨在做好通过互联网开展资产管理及跨界从事金融业务风险专项整治工作，切实保护投资者合法权益。

10月13日，银监会等十四部门联合印发《P2P网络借贷风险专项整治工作实施方案》的通知（银监发〔2016〕11号），并在全国范围内开展网贷风险专项整治工作。此方案明确了网贷风险专项整治工作的目标原则，确定了网贷风险专项整治工作的范围和重点，明确了网贷风险专项整治工作的标准措施，确定了网贷风险专项整治工作的职责分工。通过专项整治，防止行业风险蔓延、偏离正确轨道，保护鼓励网贷机构在依法合规的前提下创新发展，提升行业整体形象，回归服务实体经济和小微企业等普惠金融本质上来。

10月13日，保监会等十四部门联合印发《互联网保险风险专项整治工作实施方案》（保监发〔2016〕31号），着重强调了创新和防范风险并重，坚持鼓励创新，坚持规范治理，加强风险排查，引导互联网保险步入规范创新轨道。

10月13日，证监会等十五部门联合发布《股权众筹风险专项整治工作实施方案》（证监发〔2016〕29号）。目标是规范互联网股权融资行为，惩治通过互联网从事非法发行证券、非法集资等非法金融活动，切实保护投资者合法权益。

10月13日，中国互联网金融协会正式推出了互联网金融举报信息平台，群众可通过举报平台（https://jubao.nifa.org.cn）或微信公众号（中国互联网金融协会），以个人名义或者代表单位，对互联网金融从业机构的违法、违规行为进行如实举报。

10月26至27日，中国互联网金融协会代表中国互联网金融行业参加由二十国集团全球普惠金融合作伙伴（the G20 Global Partnership for Financial Inclusion，GPFI）与国际清算银行金融稳定学院（the Financial Stability Institute of the Bank for International Settlements，FSI/BIS）在瑞士巴塞尔主办的第三届全球金融业标准制定机构与普惠金融研讨会。

10月28日，中国互联网金融协会正式发布《互联网金融信息披露 个体网络借贷》标准（T/NIFA 1—2016）和《中国互联网金融协会信息披露自律管理规范》。

11月10日至11日，第八次中英经济财金对话在英国伦敦举行，中国国务院副总理马凯率领中方代表团出席。本次中英经济财金对话活动中，中国互联网金融协会（NIFA）和英国国际贸易部（DIT）联合主办了首次中英金融科技合作论坛，中国人民银行副行长易纲和英国财政部经济大臣西蒙·科比出席论坛，双方就金融科技发展趋势与监管框架发表主旨演讲，并签署中英金融科技战略合作和监管框架协议。未来，协会将顺应规范发展互联网金融的趋势，有序组织行业机构加强国际交流与合作，推动我国互联网金融行业“走出去”和“请进来”。

11月14日，中国互联网金融协会统计分析专业委员会成立，主要职责包括：对协会互联网金融统计工作进行总体战略规划；对互联网金融统计制度、统计分析框架、统计标准、统计信息披露等提出理论指导和专业建议；对互联网金融统计分析领域的重点难点问题组织深入研究等。旨在体现数据的权威性、唯一性和时效性，做好对互联网金融行业的证明和支撑作用。

11月16至18日，第三届世界互联网大会在乌镇召开，中国人民银行主办，中国互联网金融协会承办了“互联网+普惠金融”分论坛。中国人民银行副行长潘功胜，全国人大常委、财政经济委员会副主任委员辜胜阻，中国互联网金融协会会长李东荣、2011年诺贝尔奖经济学奖获得者萨金特等中外嘉宾分别在论坛上发表演讲。会议期间，中国互联网金融协会正式发布《中国互联网金融年报（2016）》。

12月1日，中国互联网金融协会惩戒委员会和申诉（反不正当竞争）委员会成立，行业自律惩戒机制的建设是整个行业自律管理的基石，两个委员会承载了组织自律惩戒管理和反不正当竞争的重要职责。两个委员会的成立着眼于互联网金融行业规范发展长效机制的建设，旨在为行业健康发展营造有序环境。

12月9日，人民银行会同互联网金融风险专项整治工作领导小组成员单位联合召开互联网金融风险专项整治清理整顿经验交流电视电话会议。人民银行副行长潘功胜指出，互联网金融风险专项整治工作开展以来，工作推进总体势头良好。目前，互联网金融风险底数已基本摸清，互联网金融风险整体水平正逐步下降，互联网金融风险案件高发频发的势头已得到初步遏制，社会各界对专项整治的评价均积极正面。

12月12日，证监会发布《证券期货投资者适当性管理办法》（证监令〔2016〕130号），该办法是在总结各市场、产品、服务的适当性要求基础上制定的证券期货市场统一的适当性管理制度，明确投资者基本分类、产品分级底线标准，规范经营机构义务，强化监管与自律要求。

12月16日，全国金融标准化技术委员会互联网金融标准工作组在京召开启动会暨第一次成员大会，中国互联网金融协会担任组长单位，协会秘书长陆书春当选工作组组长。

12月20日，保监会发布《关于开展以网络互助计划形式非法从事保险业务专项整治工作的通知》（保监发改〔2016〕241号）。本次专项整治旨在化解潜在金融风险，切实维护消费者合法权益，全面摸清互助平台基本情况和风险底数，发现存在的违法违规问题；通过督促整改和查处，纠正向社会公众承诺赔偿给付责任或诱导社会公众产生刚性赔付预期的行为，划清互助计划与保险产品界限，防范消费误导。

12月27日，中国人民银行印发《中国人民银行金融消费者权益保护实施办法》的通知（银发〔2016〕314号），对金融消费者的权益保护进行了具体部署。

后　记

2016年是我国互联网金融的规范发展之年。根据国务院的决策部署，人民银行会同16个相关部门开展了互联网金融风险专项整治工作，研究制定了互联网金融风险专项整治工作实施方案，明确了专项整治工作的目标、原则、重点、职责分工和进度安排。2016年3月，作为由人民银行会同银监会、证监会、保监会等有关部委组织建立的全国性行业自律组织，中国互联网金融协会在上海挂牌成立，标志着互联网金融行业治理迈向行政监管与自律管理有机协调配合的新阶段。

在此背景下，协会组织编写了《中国互联网金融年报（2017）》。本年报在总体结构、写作风格上延续2016年年报的作法，并对2016年行业最新情况作了重点阐述，剖析了我国互联网金融各业态所面临的发展环境，梳理其发展现状，分析了相关风险与挑战，并对整个行业的未来发展作出了展望。

截至2016年底，互联网支付保持快速增长，市场集中度进一步上升，移动支付交易笔数增长明显；正常运营个体网络借贷平台数量显著减少，成交规模近万亿元，收益率持续下降；互联网保险发展增速放缓，保费险种结构有所变化，人身险保费收入占互联网保费收入比例上升明显；互联网基金销售仍以货币基金为主，直销仍是主要销售渠道；互联网消费金融增长迅速，“小额”特征明显；互联网直销银行业务以中小商业银行最为活跃，在吸收活期存款的时点上与传统银行形成互补；互联网证券整体开户数大幅回落，其中移动端交易额占比上升；互联网股权融资景气度下降，单个项目融资成功率仍然较低。

对我国互联网金融行业的未来发展，本年报作出了展望：以服务实体经济为导向，以发展普惠金融为重点，以提升风控能力为关键，以先进性技术为驱动，以开放共赢合作为基础。作为一本全面、客观的行业年度报告，本年报不仅适合监管部门和研究机构在日常工作中参考使用，也为互联网金融从业者、消费者等提供了大量有价值的信息和数据资料。

最后，对参与并支持本年报编写工作的所有机构和个人表示衷心感谢。

除编委会外，参加本年报编写工作的人员包括：万俊杰、王昀、王琳、王天晰、方晓月、甘露、付大源、付慎一、包钧、孙胜君、刘刚、刘波、李一庄、李允健、李宏伟、李知常、苏莉、苏蓉、肖波、沙美辰、迟颖、张鲁、庞金峰、陈勇、屈博、赵坤、战天舒、郭燕英、钱婧、黄琨、程海星、靳亚茹、熊伊婧、薄丽丽、薛勇臻（以姓氏笔画为序）。

编委会

2017年10月